培训教材类

全国扶贫教育培训教材（第三批）

全国扶贫宣传教育中心　组织编写

脱贫攻坚创新探索

山东实践

本书课题组◎著

中国出版集团
研究出版社

图书在版编目（CIP）数据

脱贫攻坚创新探索：山东实践 /《脱贫攻坚创新探索：山东实践》课题组著. -- 北京：研究出版社，2021.5

ISBN 978-7-5199-0944-4

Ⅰ.①脱… Ⅱ.①脱… Ⅲ.①扶贫–研究–山东 Ⅳ.①F127.52

中国版本图书馆CIP数据核字(2020)第220047号

脱贫攻坚创新探索：山东实践

TUOPIN GONGJIAN CHUANGXIN TANSUO：SHANDONG SHIJIAN

全国扶贫宣传教育中心　组织编写

本书课题组　著

责任编辑：寇颖丹

研究出版社 出版发行

（100011　北京市朝阳区安华里504号A座）

北京建宏印刷有限公司　新华书店经销

2021年5月第1版　2021年5月北京第一次印刷

开本：710毫米×1000毫米　1/16　印张：13

字数：156千字

ISBN 978-7-5199-0944-4　定价：45.00元

邮购地址100011　北京市朝阳区安华里504号A座
电话（010）64217619　64217612（发行中心）

版权所有·侵权必究

凡购买本社图书，如有印制质量问题，我社负责调换。

《山东省精准脱贫的实践探索与理论创新研究》
课 题 组

组　长：黄承伟　陆汉文

课题组成员（按姓氏笔画排序）：

王　猛　　左　停　　吕　方　　江立华　　孙兆霞　　苏　海

李海金　　吴　彪　　陆汉文　　贺　莉　　骆艾荣　　黄　路

黄承伟　　阎　艳　　董苾茜

目录
CONTENTS

总 论 / 001

一、山东省脱贫攻坚总体成效 / 002

（一）加强组织领导，完善制度设计 / 002

（二）多维并进，扶贫成效显著 / 003

（三）产业扶贫，内生动力不断夯实 / 004

（四）社会力量助力，大扶贫格局初步形成 / 005

二、探索精准脱贫长效机制 / 006

（一）党建脱贫机制创新探索 / 006

（二）发展壮大集体经济探索 / 011

（三）扶贫与扶志、扶智创新探索 / 017

三、探索扶贫的前沿性方向 / 021

（一）城乡统筹扶贫发展方向 / 021

（二）相对贫困治理发展方向 / 024

第一章 抓党建促脱贫攻坚的实践探索与理论创新 / 029

一、实践背景 / 030

二、主要做法及成效 / 033

（一）主要做法 / 033

（二）发展成效 / 044

三、主要经验 / 049
（一）实践经验 / 049
（二）理论经验 / 052

四、需通过深化改革解决的问题 / 054

五、市县案例 / 056
（一）大赵家屯村党建带"扶贫理事会"案例 / 056
（二）济宁市下派第一书记的案例 / 064

第二章 贫困村集体经济发展的实践探索与理论创新 / 073

一、实践背景 / 074
（一）壮大贫困村集体经济是保证贫困村脱贫质量的
关键因素之一 / 075
（二）壮大贫困村集体经济是改善贫困村治理体系和
提升治理能力的关键 / 076
（三）壮大贫困村集体经济为夯实党在农村的执政基础
提供有力支撑 / 077

二、主要做法 / 077
（一）党委领导、政府主导，构建促进贫困村集体经济发展
的政策体系 / 078
（二）整合资源，奠定村级集体经济发展的资本 / 082

目录

（三）立足实际，构建农村集体经济管理机制 / 084

三、主要经验 / 089

（一）提高认识：壮大集体经济，提升基层治理能力 / 089

（二）守好底线：壮大集体经济，但不增加农民负担 / 089

（三）找准路径：政府做好引导，关键还在市场机制 / 090

（四）拓宽思路：立足农业转型，探索多元实现形式 / 090

（五）科学管理：立足可持续发展，完善集体经济
基层管理机制 / 090

四、需通过深化改革解决的问题 / 092

（一）底子薄、收入渠道单一的问题 / 092

（二）管理水平弱、缺少管理人才的问题 / 093

（三）村之间集体经济发展不平衡的问题 / 093

五、市县案例 / 094

（一）济宁市汶上县案例 / 094

（二）临沂市沂水县案例 / 100

第三章 扶贫与扶志、扶智相结合的实践探索与理论创新 / 107

一、实践背景 / 108

二、主要做法、成效与经验 / 109

（一）主要做法 / 109

（二）发展成效 / 117

（三）主要经验 / 120

三、需通过深化改革解决的问题 / 122

四、市县案例 / 126

（一）平邑县残疾人扶贫车间案例 / 126

（二）扶贫与扶志、扶智相结合：鄄城县董口镇"私人定制"助脱贫的案例 / 129

第四章 城乡统筹扶贫的实践探索与理论创新 / 133

一、实践背景 / 135

（一）城乡统筹扶贫开发的理论背景 / 135

（二）城乡统筹扶贫开发的政策背景 / 139

（三）城乡统筹扶贫开发的现实背景 / 140

二、主要做法、成效及经验启示 / 141

（一）主要做法——青岛市开展城乡统筹扶贫试点与探索的具体做法 / 142

（二）发展成效 / 153

（三）山东省开展城乡统筹扶贫开发的创新和启示 / 157

（四）需通过深化改革解决的问题 / 162

三、市县案例——青岛市实施城市精准扶贫 / 166

（一）创新识别标准，识别范围进一步精准 / 166

（二）压实脱贫责任，责任分工进一步精准 / 167

（三）选准脱贫途径，因人施策进一步精准 / 167

第五章 缓解相对贫困的实践探索与理论创新 / 169

一、实践背景 / 170

二、相对贫困的概念界定 / 172

（一）对贫困的理解 / 172

（二）对相对贫困与绝对贫困的理解 / 173

（三）相对贫困人口及其特征 / 175

三、主要做法及启示 / 176

（一）主要做法 / 176

（二）对全国脱贫工作的启示 / 183

四、需通过深化改革解决的问题 / 185

（一）以点带面，增强对相对贫困问题的
思考研究 / 185

（二）综合考量，提升群体与地区之间的
相互扶持和互动性 / 185

（三）拓宽扶贫渠道，增强贫困人口内生发展动力 / 186

五、市县案例 / 187
　　(一) 解决相对贫困：青岛市案例 / 187
　　(二) 解决相对贫困：鄄城县的就业扶贫模式 / 190

后　记 / 197

总 论

党的十八大以来，特别是2013年习近平总书记赴山东省考察调研后，山东省采取超常规举措，创新精准扶贫体制机制，取得精准脱贫突出成效，积累了宝贵经验，对其他地区打赢精准脱贫攻坚战和实施乡村振兴战略具有较大参考借鉴价值。

一、山东省脱贫攻坚总体成效

精准脱贫对全面建成小康社会、实现第一个百年奋斗目标具有决定性意义。2016年脱贫攻坚战打响以来，山东省坚持精准方略、加强组织领导、强化政策投入、扎实推进脱贫攻坚工作，基本完成脱贫攻坚任务，在组织能力、扶贫做法、扶贫机制、脱贫质量等方面都取得明显成效。

（一）加强组织领导，完善制度设计

山东省政府把脱贫攻坚作为重大政治任务，按照"2016—2018年基本完成任务、2019年巩固提升、2020年全面完成"的工作部署圆满完成扶贫工作，形成五大扶贫制度体系。一是形成了"五级书记抓、党政一起上"的领导体系。先后组织召开扶贫系统抓整改促落实视频会议、"工作落实年"推进会议、扶贫领域腐败和作风问题专项整治工作推进会议、全省扶贫办主任座谈会等，推动省委、省政府工作部署落实落地。二是形成了省负总责、市抓推进、县乡抓落实的责任体

系。制定了《山东省脱贫攻坚责任制实施细则》，明确了省市县乡村和省成员单位的脱贫攻坚责任。省委、省政府与各市党委政府签订三年脱贫责任书，省扶贫开发办与各市政府每年签订脱贫责任书，市县乡党委政府逐级签订责任书、立下"军令状"，建立起横到边、纵到底的责任体系。三是形成了针对性强、务实管用的政策体系。省委、省政府出台《关于打赢脱贫攻坚战三年行动的实施意见》，制定《山东省"十三五"脱贫攻坚规划》。省成员单位围绕行业扶贫任务，拿出实招硬招，形成"1+25+23"脱贫攻坚政策体系，编制形成45个落实工作方案，明确了"行军图""路线表"。四是形成了与脱贫任务相适应的投入体系。2016—2019年，投入财政专项扶贫资金250亿元（含青岛），年均增幅18.35%；统筹整合行业扶贫资金约400亿元。全省累计发放扶贫小额信贷和富民生产贷180.1亿元，支持带动建档立卡贫困人口30.61万人，贷款余额44.53亿元。其中，扶贫小额信贷23.73亿元，支持贫困人口4.91万人，贷款余额12.75亿元；富民生产贷156.41亿元，支持贫困人口25.7万人。基本形成以财政投入为主，金融资金、社会资金共同投入的扶贫资金保障机制。五是形成了多渠道全方位的考核监督体系。省扶贫开发领导小组采用市际交叉考核、第三方暗访评估等形式，每年对各市党委政府、省成员单位的扶贫工作成效进行考核，考核结果拉开等次，严格兑现奖惩。开展了脱贫攻坚巡视巡察，建立扶贫系统与纪委监委机关联动机制，与检察系统集中整治和加强预防扶贫领域职务犯罪行动，设立12317举报电话和网络舆情预警平台，多形式、全方位保障了脱贫攻坚的顺利推进。

（二）多维并进，扶贫成效显著

一是贫困人口大幅减少。2016—2018年三年时间，山东省累计减少贫困人口251.6万人，8654个省扶贫工作重点村全部退出，基本完成脱贫任务。二是公共服务水平增强。截至2018年，山东省在省扶贫工作重点村内，新建、改扩建幼儿园1656所、义务教育学校661所，设置留守儿童关爱室3940个；改造提升1677个村的通水工程，实现户户通自来水；新建、改造农村电网10千伏线路973千米、低压线路3514千米，解决了30.28万农村用户"低电压"问题；建成综合性文化活动室8560个，"送戏下乡"演出1.1万多场次。8654个省扶贫工作重点村实现硬化穿村公路、客车通达、卫生室服务、健身广场、有线电视、动力电全覆盖。三是"两不愁三保障"问题不断完善。在脱贫任务完成基础上，山东省开展脱贫攻坚"回头看"，逐村逐户逐人逐项开展核查，全面摸清"两不愁三保障"情况。2019年资助贫困家庭学生25.4万人，8087名参加高考的贫困学生全部被高校录取；贫困人口实现基本医疗保险全覆盖，分类开展大病救治6.49万人，医疗商业补充保险赔付3.77亿元、惠及70.2万人次；改造贫困户危房3.16万户，完成400个省扶贫工作重点村饮水工程建设任务。

（三）产业扶贫，内生动力不断夯实

山东省通过产业扶贫带动发展，解决了贫困地区长期发展的瓶颈，大大增强了发展动力。一是产业扶贫财政支撑。2016年、2017年山东省连续实施农村一二三产业融合发展项目、农产品产地初加工补助项目，投入资金总计3.8661亿元，共有7658万元用于扶贫。2019年各级投入财政专项扶贫资金40.2亿元，实施产业扶贫项目1581个，覆盖带动贫困人口85.9万人。二是"一村一品"产业扶贫带动。山东省在脱贫攻坚中加大对"一村一品"示范村镇的支持，在全国"一村一品"示范村镇认定过程中，在符合申报条件的情况下，对贫困地区专业村镇予以优先考虑，提升对贫困地区的支撑和带动作用。2016年以来，临沂、菏泽共有18个村镇被认定为国家"一村一品"示范村镇。支持贫困地区依托资源优势，打造终端型、体验型、循环型、智慧型新产业新业态，发展特色产业，创建农产品加工业示范县、示范园区、示范企业，农业"新六产"示范县、示范主体等。三是休闲农业扶贫带动。山东省依托资源优势，指导贫困地区发展特色采摘、农耕体验、休闲养生、农家乐等休闲农业和乡村旅游，以特色休闲农业带动周边产业发展。积极支持贫困地区和黄河滩区创建休闲农业和乡村旅游示范县、示范点等，在示范创建过程中，对贫困地区予以优先考虑。目前，黄河滩区发展休闲农业和乡村旅游示范园区共104个，大大带动了当地和周边贫困人口的脱贫发展，也为贫困地区找到了长期发展的增收渠道。四是消费扶贫带动。推动省政府办公厅出台《关于深入开展消费扶贫助力打赢脱贫攻坚战的实施意见》，广泛动员社会各界购买贫困地区产品和服务，全年消费扶贫金额11.3亿元。深化省内"6+6"扶贫协作，2019年帮助方安排财政资金3.54亿元、带动社会投资22.99亿元，到被帮助方所在地实施项目237个，带动贫困人口6.8万人。连续两年开展省级扶贫龙头企业评选，新认定100家省级扶贫龙头企业。通过多渠道的产业带动，山东省扶贫成效明显，并且一定程度上增强了贫困地区可持续发展能力，为推动脱贫攻坚与乡村振兴有效衔接奠定了基础。

（四）社会力量助力，大扶贫格局初步形成

山东省充分发挥全社会爱心力量，凝聚脱贫攻坚共同责任，着力形成强大合力。通过开展"千企帮千村"行动，1671家民营企业结对帮扶2090个村，累计投入资金11.95亿元，帮扶贫困群众6.65万人。

泛海集团累计捐赠1.62亿元，资助3.25万名贫困家庭大学生。通过开展"金晖助老——青春扶贫志愿者行动"，4万余名青年志愿者与2万余名贫困老人结对，开展服务23.7万次。通过开展"巾帼送暖""春蕾计划"等关爱活动，帮扶4.3万贫困妇女儿童。同时，把贫困人口纳入法律援助范围，为困难群众办理援助案件24.4万件。通过社会各界力量的扶贫支撑，山东省形成了政府、社会和市场"三位一体"扶贫大格局，大大提升了山东省脱贫效率，为脱贫后发展奠定了社会资本。

二、探索精准脱贫长效机制

山东省高度重视精准扶贫长效机制的建立和完善，注重增强贫困地区、贫困人口内生发展能力。近几年在抓党建促脱贫，发展村级集体经济，扶贫与扶志、扶智相结合等领域探索创新、大胆实践，取得了较大的突破。

（一）党建脱贫机制创新探索

近年来，山东省、市、县三级抓党建促脱贫工作立足内涵式创新和外延性拓展，经过深度探索，形成了卓有成效的党建扶贫"第一书记机制"与基层内生的扶贫理事会相结合的创新结构，从省到市、县、乡（镇）、村，通过以抓基层党组织建设为核心的贫困治理，为社区治理及可持续减贫发展提供有效路径及抓手，也为乡村振兴提供具有强大潜能的基础平台。

1.组织力重构，构建了综合施策的组织体系。根据党委、政府共同抓脱贫攻坚的责任定位，山东省在理念先行的基础上，将政治目标和组织保障这两个顶层思维转化为实际操作的制度创新。在党建促脱贫的核心形塑中，创立三级互为关联的系统，形成有机联系的整体性党建扶贫组织体系。(1)用"三条硬招"强化各级扶贫工作领导小组及办公室的组织创新。一是省委书记、市委书记、县委书记及省长、市长、县长分别担任各级扶贫工作的政治和行政领导；同时，各级组织部成立下派扶贫驻村干部工作办公室，长期与扶贫办合署办公，由一位副部长专职担任办公室负责人，保证驻村工作的组织权力。二是做实三级扶贫办工作。所有由扶贫办协调工作的党政机关，均要派一名副职领导甚至正职领导到扶贫办日常规范化的合署办公。三是按照省负总责、市县抓落实的工作机制，围绕减贫与发展开展工作。(2)依托"第一书记项目"创建三重组织体系，成立市、县（区）、乡（镇）三级组织机构，选派第一书记，设置乡镇驻村工作队，做实了政治、组织强大基础。(3)以组织方式推动以儒家文化为主的传统文化、沂蒙山红色文化、社会主义文化融入党建、社建。以三种精神文化力量嵌入抓党建促脱贫过程之中，从而推动形成超越地域的文化共识，成为山东省抓党建促脱贫工作的一个有机组成部分。

2. 以第一书记为突破口整合资源，发挥政治制度优势。一是行业部门提供细密的政策支持和专业支持清单。山东省出台政策，要求省、市、县（市、区）涉农部门每年对本单位掌握的项目资金、政策资源进行清单式整合，梳理出涉及25个部门的107项资金项目清单，经县扶贫开发办公室合署办公机制再次全面整合后，按村报项目规划下移资源到乡镇再次统筹。同时，列出政策项目清单后，开辟快速办理通道，全乡镇统筹的项目资金优先用于"第一书记村"。二是激活村庄集体资源，用于抓党建促脱贫的资产建构。三是将"第一书记机制"建设路径打造为跨界资源整合、内化于村的承载通道。着力推动"党建+电商"的能力建设、"党建+城市机关企业"的社会微公益衔接机制在村落地和持续扩展、"党建+N个政策组合"精准施策。第一书记撬动协调以村党支部和党员发挥作用为工作平台的在村工作,还要负责县级机关干部全员结对帮扶贫困户、跨越城乡的"驻村联户"信息提供和监督帮扶质量的工作。

3. 构建了以基层党建为基础的村庄治理平台。创新第一书记制度,主抓村服务型党支部建设,引领和撬动村民广泛参与的贫困治理和村庄社区治理平台构建。一是锁定以提升治理水平为中心的发展目标。将派遣第一书记驻村工作的问题意识锁定在村庄基层党组织的建设,从而提升整个村庄治理水平的基准点。将由组织部派遣第一书记到贫困村的范围扩大到村级党组织软弱涣散村、集体经济空白村。二是第一书记制度设计,将相信群众、依靠群众作为党的基层组织建设的生命线。驻村联户工作,即是以村庄治理为目标,提升农村基层党组织的服务能力。因此,对第一书记工作内容的要求是:调查研究、制定工作规划、整合扶贫资源、组织实施、夯实支部力量。三是撬动村民参与的扶贫理事会、村民议事会等公共事务平台建设,作为抓基层党建促贫困治理和社区治理创新的重要抓手。扶贫理事会"发明"于临沂市大赵家屯村,迅速在县、市、省得到广泛推广。其主要做法是在村"两委"和合作社之外的人员中,由村"两委"和第一书记提名,村民代表会议通过,组建5—7人的村民扶贫理事会。他们没有经济报酬,义务为村扶贫工作服务,负责扶贫资源使用建议,贫困户出列、返贫入列,扶贫资源管理、监督,宣传扶贫新政策等群众能参与的民主协商组织等工作,起到上下衔接作用,是有助于贫困治理和乡村治理的有效平台。

4. 注重制度笼子与长效机制的抓党建制度建设。在以第一书记为抓手的党建扶贫体系中，同构性构建专门性的监督、评估子系统。（1）对下派人员的工作监督：市委常委、副市长带队日常督导机制；人大代表、政协委员专项视察检查机制；市、县（市、区）组织部成立的下派干部办公室负责的日常专项督查、检查机制；不定期聘请相关部门、社会组织和群众代表监督评议检查的机制；省、市、县三级纪委列为专项督查的评估机制。五个机制既围绕抓党建促脱贫的工作进行督促检查、评议，又各自独立、各有偏重地实操，真正保障了扶贫工作真抓实干，使党建扶贫工作创新不越界有了组织保障。（2）对扶贫项目和资源利用的监督。以第一书记为统领和抓手的减贫发展由于和多种资源相连接，在保证调查研究、规划设计立项论证、村民参与过程跟进、服务到位、注重验收、公正分配、再行投资监控等过程完整性的同时，也将多元化的项目审核、监控、评估机制带入项目行进过程中，使监督、控制系统的整合也落地到村庄层面，行业部门具有不同特点的项目监督机制各司其职又整体互补，形成严防腐败的操作之网。（3）村庄参与的治理型监督。以第一书记制度促进了村庄扶贫理事会的创建及村民议事会的复兴，事实上将乡村治理的时代化运作形成一种昭示。

山东省以基层党组织建设为减贫发展抓手，集八方之力落地于贫困治理与社区治理的平台中，既取得牵一发而动全身的整体性成效，又以结构性支撑大格局的底蕴，彰显一种具有历史穿透力的政治制度优势，能有效回应减贫渠道长期存在的难题和现实挑战，同时也为中国特色的反贫困理论创新奠定了坚实的实证基础。

我国脱贫攻坚及可持续减贫与发展，已经到了综合性、复杂性问题凸显的"啃硬骨头"阶段。山东省抓党建促脱贫的体系化经验，为全国扶贫脱贫提供了正向的启示和借鉴。可以作为全国推广的示范经验，主要有以下几点。

1. 以政治定力与组织力为基础的体系化建设。山东省抓党建促脱贫采用了践行"初心"的政治目标的宣示，凸显出扶贫工作鲜明的党性特征，进而为自上而下的脱贫攻坚组织力构建提供了政治制度保障前提。第一，讲政治为先，以问题意识牵引，发挥政治制度优势，创新"硬组织""硬投入""硬监管"的"三硬"结构性制度体系，从政治定力上做实落地机制和组织力供给。第二，注重党建促脱贫的过程性制度创建，以"绣花"功夫，形塑"讲实干""建实体""求实效"的"三实"工作模式，将"实"镌刻在抓党建促脱贫的每一步进展中。第三，构建"第一书记机制"为突破口的村庄综合治理平台，将五级书记一起抓的体制合力，贯通到"抓服务""固基础""育人才"的"三面向"核心聚焦点上，彰显可持续发展的内在依据。

2. 注重可持续视域的抓党建促脱贫平台建设。以抓党建促脱贫为重心和核心抓手，从贫困治理到社会治理（社区治理），再到治国理政基层基础的夯实，三者之间具有内在相衔接的可持续规律可循。首先，基层组织建设中强调"先好人、后能人"的用人理念。将发现、寻找、培养村党支部书记和年轻人入党作为抓基层党建的第一要务。用人观念正在从村干部"先富带全村致富"变为村干部在服务型党组织建设中充当旗手的新时代理念。其次，将党的基层组织建设与集体经济的减贫功能发挥、培育壮大，纳入以贫困治理为起点的社会治理体系建设的平台之上，使贫困治理的体制机制创新平台具有更广泛更持久的社会治理潜质，使之成为可持续发展的内生动力。最后，以党建平台建设为抓手或路径进行组织、人才、信息等多方位的对接，例如，城乡公益资源合力的连接机制、电商人才网络的区域性构建、农业新技术与新管理工具承接平台的搭建等，有效回应了当下中国普遍存在的农村基层组织涣散无力、村集体经济空壳化等问题。

3．"三个要件"机制建设经验。（1）以省、市、县（区）、乡（镇）、村五级书记贯通抓党的基层组织机制建设为切入点。（2）将农村基层组织建设成包含以下内涵的机制载体：服务型党组织，要具备服务能力，为村庄减贫发展提供生产服务、公共服务和社区服务，以服务团结人、凝聚人，实现以社会治理为基点的可持续减贫与发展。（3）培育和建立村一级能提供以上服务的财政基础和增长机制。有条件发展集体经济的村庄，国家或社会为其提供培育集体经济的"第一桶金"；近期没有条件发展集体经济的村庄，提供村庄服务的财政补贴。总之，在农村社区创造社区服务就业岗，为优秀青年社区服务提供就业岗，并在此过程当中培育他们成为党员和村干部，造就一支"永远不走"的扶贫工作队伍。

通过抓党建促脱贫，为城乡融合发展和乡村振兴奠定坚实的制度创新方法论基础。以贫困治理为突破口，在抓党建促脱贫的强力推动下，通过对脱贫攻坚政治目标的坚守，激发社会参与的内生动力，将各种资源整合起来，为实现城乡融合发展视域下的乡村振兴战略创造前提条件。

（二）发展壮大集体经济探索

发展壮大贫困村集体经济，不仅是贫困村脱贫出列的重要指标，也是新时期加强党对农村工作领导、巩固执政之基的关键一环。发展和壮大贫困村集体经济，不是简单地完成贫困村出列的指标要求，而是关乎提升党在农村的基层组织凝聚力、服务力和战斗力的政治战略，和促进贫困村稳定脱贫、内生动力成长，以及为乡村振兴夯实基础的发展战略。山东省高度重视壮大贫困村集体经济，形成了一套行之有效的政策体系，摸索出贫困村发展集体经济的有效方法，并着力将壮大集体经济与提升基层党组织能力、完善基层治理体系有效结合，取得了较好效果，形成了重要经验。

1.党委领导、政府主导，构建促进贫困村集体经济发展的政策体系。山东省各级党委、各级政府高度重视发展和壮大贫困村集体经济工作，将其视为关乎加强党对农村工作的领导、巩固党在农村执政之基的重大政治战略，视为关乎促进贫困村社区凝聚力提升、内生发展动力成长，以及为乡村振兴夯实基础的发展战略，视为完善贫困村村级基层治理体系和提升治理能力的重要一环，作为新时代脱贫攻坚战略和乡村振兴战略的重要板块，统筹布局、有力推进。各级党委高度重视集体经济发展，把抓党建促集体经济发展作为衡量"四个意识"的关键指标，各级政府高度重视发展集体经济工作，将其作为脱贫攻坚的有力抓手，纳入整个经济发展规划之中。省委书记和省长亲自过问、亲自主抓，建立抓党建促农村集体经济发展的工作专班，成立民政、国土资源、农业等多部门共同参与的农村集体产权制度改革工作领导小组，有序推进该项工作开展。山东省在发展贫困村集体经济的过程中，体现出党委政府高度重视、系统全面地搞好顶层设计和统筹协调，鼓励各县结合自身实际分类推进探索地方模式。各县在组织领导方面，建立了县、乡、村三级联动，共同推进建设集体经济发展的组织领导体系，形成了分工明晰的责任体系，制定了相关激励制度。主要包括：（1）出台促进农村集体经济发展的投融资政策和税收政策。各地加大政府财政支持，统筹安排农业供给侧改革资金、现代农业生产发展资金、农田水利设施建设补助资金、农业科技推广与服务补助资金等扶持农业生产类资金，支持村级集体经济发展。加大金融支持与税收优惠，积极争取商业银行配合，设立发展壮大村级集体经济专项信贷资金，对符合贷款条件的村集体经济项目提供信贷支持。（2）实施财政奖补制度，激励先进、带动后进。完善考核机制，树立集体经济发展的榜样标杆，提高基层发展集体经济的积极性。一些基层政府部门每年评选一批发展壮大集体经济示范村，集中进行表彰奖励，建立村干部促进集体增收劳动补偿制度，将村级集体增收情况与村干部待遇相挂钩，适当从集体收入中拿出部分资金激励村干部。还有一些市县把发展村级集体经济作为村级综合工作年终考核重点工作，采取"一票肯定"和"一票否决"制，对集体经济体量大或增幅较大的村，直接定为一类村，对集体经济空壳村和收入1万元以下的村，直接确定为三类以下的村。（3）搭建资源整合平台，联结各类资源，提供智力支持。选聘熟悉农村政策、掌握农业技术、了解市场需求、善于管理经营的专家学者和知名人士，组建扶持发展壮大村级集体经济专家顾问团，提供专家咨询、技术指导、业务培训、信息推介等服务。

2. 因地制宜、多措并举，找准促进贫困村集体经济发展的路子。在欠发达农村地区发展集体经济，不可能完全效法华西村、南街村等集体经济"明星村"，也没有东部沿海地区以及大城市"村改居社区"那样得天独厚的外部环境，因此要因地制宜、立足特点，探索多元实现形式。山东省将贫困村集体经济发展置于农村发展与转型的背景下，拓展思路，探索多元实现形式。（1）向农业产业化要集体经济。农业产业化是农业转型的必由之路，山东省结合农地"三权"分置改革的政策利好，通过土地流转，实现规模化、产业化经营，很好地解决了"小农经济"分散经营的效率困境。在此过程中，村集体通过土地、厂房等资产入股，也能够加快发展壮大村级集体经济。山东青岛即墨、莱西、西海岸，菏泽定陶，德州乐陵、临邑等地，鼓励村集体经济组织领办土地合作社，集中流转村民土地，以部分土地入股龙头企业，不仅农民可以获得土地流转收益、享有定期分红，村集体也能从中获得一定收入。一些地区还探索发展村属企业，大力发展股份制经济，带动集体经济发展。此外，一些具备条件的贫困村，依托特色资源，发展旅游产业，推动三产融合，在此过程中，促进集体经济壮大。(2)向乡村工业化要集体经济。新时期，随着中国发展模式的深度转型，乡村地区出现了"再工业化"的趋势。一方面，沿海地区向中西部欠发达地区梯度转移；另一方面，乡村地区第二产业快速成长。山东省利用乡村"再工业化"契机，通过发展厂房租赁经济的形式，为壮大集体经济寻找思路。以菏泽鄄城县为例，其"扶贫车间"已实现行政村全覆盖，贫困村利用财政扶贫资金作为"种子资金"，兴建"扶贫车间"，租赁给"扶贫车间企业"，获得租金收入充实到集体经济中；同时"扶贫车间企业"上缴的税收由乡镇留存，返还给村集体，加上"扶贫车间"的顶棚，覆盖上光伏板，发电收益归村集体所有，实现了贫困村集体经济快速成长壮大。(3)向农村信息化要集体经济。"互联网+"为农村经济的发展带来了新一轮的机遇，特别是"电商下乡"不仅拓展了贫困地区农产品的市场空间，也提供了众多的就业机会。在助力电商发展过程中，集体经济大有可为。菏泽曹县是闻名遐迩的"淘宝县"，大集镇以演出服饰专业淘宝镇著称，在推动电商发展的过程中，政府建设各类基础设施，同时电商发展也为曹县贫困村集体经济壮大带来了机遇。随着当地电商企业发展、外来物流企业和配套企业入驻,对厂房租赁、劳务中介服务、技能服务需求激增,曹县从这些需求入手,通过发展租赁经济、服务经济的形式,为集体经济发展探索出新路子。(4)向新型城镇化要集体经济。随着农业产业化、乡村再工业化和农村信息化的发展,人口流动的趋势发生了变动,越来越多的外出务工人员,选择就近就地就业,部分贫困地区,特别是在中心城区周边和小城镇,新型城镇化获得了成长空间。在易地扶贫搬迁社区、村改居社区,留存一定比例的集体土地,兴建物业、厂房,供租赁或发展经营实体,是拓展集体经济的又一重要方式。特别是中心城区和小城镇经济发展迅速的区域尤其如此。(5)向乡村沉睡资源要集体经济。农村集体的资金、资产、资源,是村集体经济的重要依托,清理农村"三资",挖掘乡村沉睡资源,是稳步推进集体经济发展的重要手段。在一些乡村,"三资"长期被挤占、独占和挪用,不仅集体资产大量流失,也在群众中产生不好的影响。通过清理农村"三资"可以为集体经济发展积蓄能量,同时有助于化解村内矛盾,增加基层组织公信力和凝聚力。同时,乡村地区普遍存在一些"沉睡资源",如房前屋后的"边角地",荒山、荒坡、荒地、荒滩、堰塘,废弃的厂房、礼堂、校舍,等等,通过整理这些资源,能够厚植村集体资源。有了这些资源,借助市场化运行的方式,以村集体经济组织为经营主体,发展各类生产、经营、服务项目,就能够为集体经济找到源头活水。以德州为例,德州深入实施"村庄沉睡资源利用"工程,通过整体规划、多方投入、系统整合、规范利用、科学管理、合理分配,达到产业发展、集体壮大、群众增收、村庄美化、基层组织强健等多赢目标。德州市经过"挖潜",累计盘活各类沉睡资源7.68万亩,其中已经启动"村庄沉睡资源利用"的村784个,投入各类资金6389万元,整合沉睡土地16777亩,年可产生效益1120万元。

3. 管好用好集体经济收入,巩固党的执政根基,促进乡村善治。村集体经济得到发展壮大,并不意味着乡村治理水平得到提升,例如有一些村的集体经济有了快速发展,但缺乏有效管理,使用不透明不规范,在干群之间、群众之间引起了新的矛盾。因此,不仅要壮大集体经济,更要管好、用好集体经济。山东省不仅重视解决"农村集体经济从哪里来"的问题,而且强调"要科学管理,让集体经济作为乡村善治之基",通过管好用好集体经济,完善农村基层治理体系,巩固党的执政之基。主要经验包括:(1)用好集体经济,巩固执政之基。集体经济是提升基层组织服务能力、引领能力、管理能力的有力支撑。在发展集体经济过程中,注重党员先锋模范作用的发挥,培育"红色领头雁",增强村基层组织引领发展的能力;在使用集体经济收入的过程中,规范开支程序,促进党组织引领下基层协商、基层民主制度的完善,让集体经济收入成为服务群众的"红色基金",为巩固党的执政之基发挥重要作用。(2)用好集体经济,引领产业发展。村集体经济的属性决定了集体经济的收益,要能够促进社区公共利益的实现。在经济方面,农村集体经济发展一方面对于村级产业发展产生示范效应;另一方面村集体经济开支中,保留一些具有探索性、前瞻性的产业示范、技术服务项目,有助于提升农业产业发展的可持续性,助力产业升级换挡。(3)用好集体经济,促进乡风文明。移风易俗、促进乡风文明,是治理精神贫困、激发内生动能的重要方式,也是乡村振兴的内在要求。借助集体经济,引导乡村德治、善治,是山东经验的又一特色。如汶上县建立了"孝善养老基金",引导子女为70岁以上老人缴纳不少于每月100元的孝善款,村集体每月发放不少于10斤的"爱心煎饼"给老人。再如青岛、德州、济宁等地，从村集体经济收入中列支一定资金，奖励重教家庭、孝德家庭、自强家庭，弘扬传统美德，引导社会风气向好向善。（4）用好集体经济，助力稳定脱贫。扶危济困既是中华之传统美德，也是社会主义本质的体现，农村集体经济在助力稳定脱贫方面亦发挥着重要作用。如青岛借助村集体经济收入，对建档立卡贫困户实行医疗、教育等方面的支持，关爱特殊困难群体，有力保障了贫困户稳定脱贫不返贫。（5）用好集体经济，完善治理体系。有了集体经济，村民会更加关心村集体事务，增强了社区的凝聚力和向心力。在维护好、使用好集体经济的过程中，基层党组织、村社会组织共同参与，基层民主得到弘扬，乡村治理体系不断完善。山东省在使用集体经济收入方面，严格执行"村财乡管村用"，严格按照"四议两公开"办法规范各类开支，发挥村级扶贫理事会、红白理事会等社会组织作用，尊重群众意愿和主体性，有力促进了基层治理体系完善。

值得一提的是，山东省发展贫困村集体经济的做法和经验，形成了可学可借鉴的样板，为中西部欠发达地区发展壮大集体经济提供了有益借鉴。其重要性不仅体现在脱贫攻坚阶段保证贫困村高质量脱贫出列，形成稳定脱贫长效机制，改善贫困村治理体系和治理能力，也适用于新时代全面实施乡村振兴战略过程中，有效促进欠发达农村地区集体经济发展，提升村级党组织凝聚力战斗力，为引导乡风文明、提升治理水平提供坚强依托。

（三）扶贫与扶志、扶智创新探索

山东被称为孔孟之乡，素有注重心智教育的传统，在扶贫与扶志、扶智相结合方面具有良好社会基础，积累了重要经验。

1. 聚焦贫困人口致贫原因、资源禀赋和脱贫需求，提升了精神扶贫政策的针对性和有效性。精准扶贫精准脱贫是一项政策性、实践性很强的工作，需要在对贫困人口的致贫原因和脱贫需求精准把握的基础上进行。只有精准把脉，才能精准施策，进而实现政策的精准性、针对性和有效性。山东省在扶贫与扶志、扶智相结合领域所开展的成功探索有：（1）针对半数以上的贫困人口具有一定劳动能力、就业愿望较强烈但是存在文化程度低、缺技术、年龄偏大、因病因残致贫较普遍、家庭养育负担重等状况，大力开展"扶贫车间"就业脱贫模式，并针对贫困村贫困户差异化的资源禀赋和脱贫需求，推行"一户一案""一村一品""一人一岗"脱贫攻坚工程，提升贫困人口的自我发展能力。（2）针对上述贫困人口的致贫原因和脱贫需求，以及贫困村电商发展基础较好、返乡创业人员较多的状况，深入实施"互联网＋精准扶贫"战略，探索电商扶贫模式，实现贫困人口就近就业，调动贫困人口的内生动力。（3）针对贫困人口中老年人占比较高、因老致贫现象较普遍等现状，倡导孝善文化，设立孝善基金，实施孝善扶贫。

2. 充分传承和弘扬地方文化资源，为精神扶贫提供了深厚的文化底蕴。从政策指向和实践导向上看，扶贫与扶志、扶智相结合或精神贫困和精神扶贫最终要回归到精神和文化层面，应当运用精神和文化的方式、路径和手段进行应对。山东省在这个层面开展的探索有：（1）从党建扶贫的角度，传承革命老区的革命传统和红色文化，将"爱党爱军、开拓奋进、艰苦创业、无私奉献"的沂蒙精神作为打赢脱贫攻坚战的"红色引擎"，通过教育培训等方式提升贫困人口的精神和心理状态。（2）立足于孔孟之乡和儒家文化发源地的地域优势，弘扬"孝文化"，将孝德文化与脱贫攻坚结合起来，实施"孝诚爱仁"工程，开展好婆婆、好媳妇、好儿女等评选活动，成立养老理事会，设立孝善基金，树立孝善养老社会风尚。

3. 运用多元化、综合性的方案，较好应对文化贫困和贫困代际传递。扶贫与扶志、扶智相结合或精神扶贫所牵涉的贫困生成、发展与延续机制是一项复杂的系统工程，单靠一种方案和手段难以从根本上解决，需要深度、全面挖掘文化贫困和贫困代际传递背后的内在机理，并将其转化成政策方案。山东省的探索有：（1）根据贫困户的技能需求和培训意愿等，开展免费技能培训，提升致富技能，培育致富能手，实施典型示范带动活动。（2）通过对患病贫困人口全部实行"两免两减半"政策、"先诊疗后付费"政策和全部购买"扶贫特惠保险"，集中救治患大病贫困人口以及免费救治贫困白内障和血友病患者，实施健康扶贫，保障贫困人口的身体健康。（3）对建档立卡贫困家庭学生从学前教育到高等教育实行资助全覆盖政策，并构建贫困农村留守儿童关爱体系，实施教育扶贫，阻断贫困代际传递。

4. 以组织再造和创新为依托，重建贫困人口与乡村社会之间的社会联结。精神贫困在很大程度上是一种社会性贫困，是剧烈的社会转型和变迁导致贫困人口的被剥夺感、被抛弃感、挫折感和自卑感等多种心态杂糅的结果，其重要原因在于处于快速的现代化、工业化和城市化进程中的贫困人口与现代性的社会、市场出现了较明显的断裂与失联，其弱势地位和处境在一段时间的累积下会逐渐转化成一种负面的心理状态和精神气质。在应对精神贫困和文化贫困的策略中，通过组织再造和创新，重建贫困人口与乡村社会之间的社会联结是一条可行途径。山东省的探索有：（1）以党建扶贫、干部队伍建设、定点帮扶等为依托，配强农村基层干部队伍，激发基层党组织、驻村干部、第一书记的执行和动员能力，发挥基层党组织和村民自治组织的领导和带头作用，使之成为带领贫困人口脱贫致富的领路人。（2）借助于扶贫理事会、农民合作社、红白理事会以及其他文化类村庄组织等，将农民尤其是贫困农民组织起来，调动贫困人口的生活积极性和脱贫致富主动性，实现贫困人口与其他村民、乡村社会体系之间的有效社会联结，重建村落共同体，提升贫困人口的社区认同感。

基于山东省的实践与探索，得出以下对于加强扶贫与扶志、扶智相结合，提升贫困人口的内生动力和自我发展能力的四点启示。

1. 发挥脱贫致富典型的示范带动作用。其一，将有代表性的脱贫致富农户和个人树立为典型，将其脱贫故事、脱贫精神撰写成生动的故事，以宣传画册或短纪录片的方式进行大力宣传，发挥其典型示范作用。其二，为脱贫致富典型建立宣讲平台，促进脱贫致富典型与贫困户、贫困个体的深度沟通，激发贫困户的致富意愿和内生动力，为贫困户脱贫致富提供思想和精神引领。

2. 提升新型组织文化在社区的影响力。发挥基层党组织和村民自治组织的领导和牵头作用，充分利用老年协会、妇女协会、农民合作社、红白理事会等各类村民组织，有计划地开展多样化、有内涵的集体活动。通过有效组织村民，让这些组织的文化和价值观念逐渐在村民心中生根发芽，促进村庄文化和价值观念的现代化变迁。

3. 培养一批有志愿精神的社区工作队伍。从队伍设置上，可以在每个贫困村设置一个社区社会工作岗位，面向社会（重点是城镇退休教师、医生、科技人员和文化艺术工作者）公开招聘带有志愿属性的社会工作者，国家财政给予生活补贴和一定的社会福利，并构建社区社工支持体系。社区社工的具体职责包括：了解村庄历史和传统；摸清每个农户的基本情况特别是发展中遇到的困难;把握社区内在权威结构及主导性价值取向;围绕改变社区陈规陋习和落后价值观念提出具体干预方案;申请财政资金或争取社会捐赠资金执行社区工作具体方案;根据工作进展和实际情况及时调整、完善社区工作方法和具体项目。

4. 实现贫困社区、社会组织与社会工作者合力助推精准脱贫。通过政府购买服务,将社区、社会组织、社会工作者有机结合起来。通过社会组织获取社会资源,辅助贫困地区社区建设,搭建好实施平台,并利用好社会组织在联合、调动社会资源上的优势,运用专业方法满足贫困人口的需求。

三、探索扶贫的前沿性方向

(一)城乡统筹扶贫发展方向

青岛市、淄博市、济宁市在山东省内率先开展了城乡统筹扶贫开发的探索,积累了一定的经验,特别是青岛市在城乡统筹扶贫开发探索方面开展了积极创新。

1. 创新精准识别标准。综合考虑经济社会发展水平、城乡居民生活水平、地方财政承受能力等因素,科学合理设定城镇贫困居民认定条件。青岛市西海岸新区作为青岛市城乡统筹扶贫开发的主要试点项目点,把城镇低保标准作为城镇扶贫标准,实行城市贫困线和城市低保线"两线合一",暂定为7440元。确定城市贫困户主要对象为居住在城市里的孤老、孤儿,无亲属照料或有亲属无能力照料的失能家庭,家庭成员因患重大疾病或重度残疾,且无固定收入,子女在就读的困难家庭以及重大突发性事件引发生活困难的家庭等,并延伸到家庭人均收入在低保标准200%以内的重大疾病、重度残疾家庭和因特殊原因不能办理城镇低保的困难家庭。

2. 创新精准识别程序。借鉴农村精准扶贫的精准识别创新性举措，启用居民家庭信息核对系统，对拟列入城市贫困户的社保、公积金、车辆、住房、工商、税务等部门的数据信息进行交叉对比，从而精准识别出城市贫困户，做到"扶真贫"。在青岛市西海岸新区，镇（街道）安排专人会同居委会成员组成核查小组，根据认定标准及范围，采取个人申报与主动告知相结合的方式，排查本辖区内符合条件的贫困户，并组织对贫困户家庭经济状况、成员身体状况、实际生活情况逐一进行调查核实，建立精准扶贫台账，将农村精准扶贫开发中积累的建档立卡经验应用到城镇精准扶贫开发工作中。

3. 建立多维贫困治理机制。城镇扶贫既要关注城镇贫困居民的基本生存和生活状态，为他们提供基本保障和生活救助，也要关注他们的基本发展能力、基本发展机会和基本权益保护，着力解决城镇贫困人口在教育、健康、住房、环境、公共设施、公共事务参与等方面面临的能力贫困、权利贫困等，采用"精准分类、一户一策"方式，做到"真扶贫"。青岛西海岸新区将城镇贫困户划分为暂时贫困户（包括劳动力型贫困户、因学致贫户、突发病灾致贫户）、长期贫困户（包括残疾致贫户、孤寡贫困户、长期病灾致贫户、未成年贫困户），在此基础上，借鉴农村扶贫中采用的"两不愁三保障""五个一批"等举措，开展就业援助行动、教育资助行动、健康扶贫行动、社保阳光行动、安居宜居行动、关爱服务行动，实现城镇贫困户的就业保障、教育保障、医疗保障、兜底保障、住房保障，推动全域全程全面脱贫。

4. 建立城镇脱贫攻坚工作机制。通过学习和借鉴开展精准扶贫以来形成的"中央统筹、省负总责、市县抓落实"的工作机制和"五级书记一起抓扶贫"的工作格局，建立市级统筹、县（区）主责、部门联动、街道（镇）和社区落实的城镇贫困户精准帮扶工作机制，市委、市政府主要负责制定城镇贫困户居民精准帮扶的方针目标、出台重大政策举措、统筹整合扶贫资源、加强目标绩效考核等工作；县（区）党委政府主要负责建档立卡、资金筹集、政策实施、改革创新等工作；街道（镇）党委政府主要负责城镇贫困居民的申请登记、入户调查、认定评议、帮扶对接等工作。

5. 构建城镇大扶贫格局。借鉴农村专项扶贫、行业扶贫、社会扶贫"三位一体"大扶贫格局的主要做法，积极鼓励民营企业、社会组织、个人参与扶贫开发。动员民营企业开展产业扶贫、商贸扶贫、就业扶贫、捐赠扶贫、智力扶贫。鼓励有条件的企业设立扶贫公益基金，采取市场化运作方式，对贫困户进行帮扶。实施扶贫志愿者行动计划，建立扶贫志愿者制度。

城乡统筹扶贫是一个新课题，涉及城乡相关政策的衔接整合等众多方面。从山东省的实践探索来看，需要注意以下几个方面：

1. 避免扶贫标准的绝对化和静态化，应当动态调整扶贫标准。现有的标准主要针对的是城镇户籍贫困人口，但是对于进城务工人员、大学生等群体，应当根据试点效果，动态调整标准适用人群。

2. 避免与现有的以民政救济为主的扶贫体系的割裂，实现两者在政策、组织、资金、标准等方面的有机整合。在山东省的实践中，城乡统筹扶贫开发的责任主体是扶贫办，如何推进扶贫办与民政局（科）在城镇扶贫中的整合是当前亟须解决的问题。可以考虑设立扶贫委员会等工作机制进行协调。

3.加强城乡统筹政策的可持续性。青岛等地城乡统筹仍处于试点阶段,但是对于何时和以什么样的方式将试点全面展开,依然面临一定的困难和压力。因此,需要转变政府扶贫思想,充分认识城乡统筹扶贫的重要性,并对城乡统筹扶贫开发的相关部门充分授权。

(二)相对贫困治理发展方向

"在全面建成小康社会进程中走在前列",是习近平总书记考察山东时对扶贫工作提出的要求和目标定位。为打赢脱贫攻坚战,山东省结合自身经济社会发展条件和贫困现状,坚持精准扶贫、精准脱贫基本方略,有针对性地提出多项政策措施,青岛、淄博、东营、威海四市率先于2016年基本完成脱贫任务,实现省定贫困人口脱贫。作为山东省的经济发达地区,随着扶贫工作任务由主要解决绝对贫困向缓解相对贫困转变,由主要解决农村贫困向统筹解决城乡贫困转变,山东省青岛市对贫困的理解也逐渐深入。目前,青岛市在积极探索建立稳定脱贫长效机制来缓解相对贫困问题方面走在了全省乃至全国前列。

1.提出多层次的贫困概念,制定面向绝对贫困和相对贫困的不同政策。但青岛市界定"相对贫困"的含义,包括低收入、经济薄弱等提法,实现了帮扶对象(人口、村庄)的多层次构建。按照"人均4600元"和"两个好、四保障"(吃好、穿好,义务教育、基本医疗、住房安全和养老有保障)的市定扶贫标准,识别出青岛市的贫困人口,这一标准大大超过国家扶贫线(人均2952元)和"两不愁三保障"的绝对贫困标准。青岛市不仅精准识别省定贫困村,还有对市定经济薄弱村的识别要求。脱贫攻坚战中,强调举全市之力完成市定标准下贫困人口全部脱贫、省定贫困村和市定经济薄弱村全部脱贫摘帽的任务。

2.设立了适应相对贫困工作要求的扶贫机构和政策体系。青岛市扶贫办成立了城镇扶贫处，打破农村扶贫界限，把城市贫困人口纳入扶贫帮扶范围。西海岸新区率先在全省推行城市扶贫工作，"城市贫困线和城市低保线"两线合一。城乡贫困家庭人均收入在本区低保标准200%范围内的家庭中，无生活自理能力和固定收入的成年重度残疾人，或者患有恶性肿瘤、尿毒症、白血病以及其他重大疾病患者，给予低保待遇政策支撑，每月发放全额低保金的50%。城乡贫困家庭中办理单独低保政策的贫困人口，在住院基本医疗报销后，可再享受90%的民政救助。对农村贫困人口住院或门诊大病经医疗救助、民政救助后，个人负担的医疗费用（包括起付线）按照90%的比例进行救助，个人负担医疗费用仅占医疗总费用的0.81%。

3. 初步形成了以促进就业为中心的缓解相对贫困的发展理念。在帮扶和发展理念上，青岛市对极少数绝对贫困人口加强社会保护，同时对大量相对贫困人口坚持以"发展"为扶贫导向。青岛市立足于农村相对贫困人口的增收，牢牢把握产业发展、转移就业两大重点，实施特色"种养加"和旅游、电商、光伏扶贫项目，探索"产业服务+扶贫""旅游开发+扶贫"等模式。创新培训方式，加大精准培训力度，对所有具有劳动能力并愿意学习技能的农村贫困人口实行免费培训。对就业困难人员，组织村企结对，发展手工工艺、来料加工等，实现就地就近转移就业。政府通过购买部分公益岗位，安排农村贫困人口就业。增强农业新型经营主体扶贫带动作用，通过"产业园区+""龙头企业+""合作社+""订单农业"等扶贫模式，吸纳务工就业、土地流转入股、财政投入折资、集体参与分红等方式，带动农村贫困人口稳定脱贫。

4. 稳固提升对剩余绝对贫困人口的帮扶质量。青岛市统筹安排各级资金，为建档立卡贫困人口购买扶贫特惠保险，包括医疗商业补充保险、意外伤害保险、家庭财产保险，用于保人身、保意外、保收入。对建档立卡贫困家庭学生，从学前教育到高等教育实行资助全覆盖。对老弱病残特困群体，通过资产收益、民政低保、实物供给、邻里互助四种方式进行兜底保障。如对行动不便和无法外出的老年人、残疾人，尽可能提供生活用品，满足他们的基本生活需要，提高生活质量。

对剩余的绝对贫困人口的救助工作从生存型救助向发展型救助转变，通过广泛开展助学、助困、助医、助老、应急救助等慈善救助活动，关爱老年人、残疾人和未成年人等群体，在力所能及的范围内帮扶受救助对象，增强其社会融合感，激发其内生动力。比如，青岛一些地方引入救助消费券的方法对困难群体进行实物救助，提升了救助效果，减少了其他群体的攀比心理，促进了慈善资源的有效利用；也有通过慈善资源实物代销的方法，提升困难群体的自我发展能力。此外，青岛市还把以"孝"为中心的文化扶贫作为应对解决老年贫困的重要手段，采取了诸如"匹配奖励资金"等激励性政策鼓励子女尊老、养老、孝老。通过政府购买服务或社会爱心捐助等形式，聘请贫困妇女为养老护理员，结对帮扶失能贫困老年人，为他们提供烧菜做饭、卫生清扫、拆洗衣被、陪护就医等日常护理照料。

2020年是我国全面建成小康社会的收官之年，将解决绝对贫困问题，在此之后治理相对贫困问题的重要性将凸显出来。青岛市的实践探索具有前瞻性，对其他地区具有很大借鉴价值。

1. 全国其他地区也要加大对相对贫困问题的研究。中国的贫困问题表现很不平衡，相对贫困与绝对贫困具有一定时序性、层级性，但同时也是交错在一起的。即使在中西部地区甚至深度贫困地区，相对贫困和绝对贫困现象也会同时存在，只是二者在比例上差异较大，解决绝对贫困是主要矛盾和矛盾的主要方面。对相对贫困的研究和应对，本身也是扶贫工作精准性的内在要求。

2. "贫困群体"的多层次性培育。"贫困群体"不是简单的、截然的"二分法"的"贫困"与"非贫困"，而是一个渐进的程度概念，要综合平衡贫困户、非贫困户，贫困村、非贫困村的政策支持，促进它们互相支持。山东特别是青岛应对相对贫困经验的核心是在城乡一体化的基础上，对贫困人口进行分层次、区别化的帮扶。从全国来说，在聚焦贫困人口的同时，也要关注低收入人口或临界人口，防止他们因为一些原因陷入贫困。同时，一个社区内的不同层次人口也需要在产业经济和社会领域上相互协作，贫困群体需要社区"领头人"的带动，在聚焦贫困群体的同时，也要注意农村脱贫带头人的培育与支持。

3. 要深入挖掘能力扶贫的内在推动举措。多样化运用一些新的可以激发、带动贫困人口发展的扶贫举措，如以工代赈、公益性岗位、有条件转移支付、订单加工等，支持一些具有劳动能力但经营风险大的贫困人口脱贫发展，形成开发性扶贫和保障性扶贫双措并举的扶贫格局。青岛市对少数"剩余"绝对贫困人口以坚实的保障性政策帮扶为主，而对大量的相对贫困人口以灵活的就业促进、融入发展的产业帮扶为主，对于一些中间群体（具有一定的体力劳动能力但市场经营能力不足），有计划地提供公益性岗位。从全国来看，随着脱贫攻坚的深入，一部分轻度贫困人口会顺利脱贫，对于这部分群体，要继续给予支持，提供可持续的发展环境。对于有劳动能力的贫困人口，要以促进就业或融入地方产业发展为重点；对于没有发展能力或者发展能力不足的深度困难群体，要提高救助标准，使得他们能够过上有尊严的生活。

第一章

抓党建促脱贫攻坚的
实践探索与理论创新

党的十八大以来，特别是2013年习近平总书记到青岛、临沂等地考察之后，山东省以鲜明的问题意识为主导，采取超常规举措，创新了脱贫攻坚的体制机制。在抓党建促脱贫攻坚这一关键领域进行了深度探索，创建了卓有成效的党建扶贫"第一书记机制"，即以第一书记为抓手，构建综合施策的组织体系、搭建扶贫资源的整合平台、组建村庄治理的队伍体系，为社区共有经济的培育和发展奠定政治组织基础。在山东省脱贫攻坚实践中日趋完善并逐渐发挥重要作用的"第一书记机制"，彰显出从省到市、县、乡（镇）、村，通过抓基层党组织建设为核心的贫困治理，为社区治理及可持续减贫发展提供有效路径及抓手，也为乡村振兴提供了具有强大潜能的基础平台。

一、实践背景

纵观现代人类成体制、有组织的减贫实践，与贫困做斗争的平台一般是以"国家"为载体，贫困治理是国家治理或治国理政的题中之义。人类追求公平、合理、正义的观念是减少贫富差距，使生存权、发展权建立在有尊严的人权的基础之上。一国的政治体制如何承担减贫责任，直接成为一国内部和国际社会评价其执政合法性的重要标准。

中国共产党的初心和使命、社会主义对公平正义和共同富裕的目标追求，以及集中力量办大事的制度能力，能够凝聚全党全社会的最广泛力量,均体现为中国贫困治理伟大实践中最核心的政治制度优势。

2013年11月,习近平总书记在湖南湘西花垣县十八洞村考察时,首次提出精准扶贫的重要理念,丰富了怎样从组织力、政治定力、社区治理和基层党组织建设与脱贫攻坚关系上,不断深化抓党建促脱贫攻坚的思想内容。

如果说自上而下进行体制机制改革创新,是回应过往政府主导扶贫实际运行过程中表征出来的一些体制机制缺陷的根本性制度自觉的话,顶层设计思想、理念的前沿性和科学性,即是首要的破冰之锤。遵循自然规律、经济规律、社会规律的思想穿透性与政治立场的内嵌,具有领航意义。2013年习近平总书记提出精准扶贫重要理念以来,我国顶层设计中将这一理念从制度顶层到村庄末端的体系化创新,特别是在顶层设计完成之后,如何向"最后一公里"推进做实的扎根性思想,包含贫困治理获得可持续减贫发展的深层底蕴,也为脱贫攻坚与乡村振兴有效衔接奠定基础。

2013年,习近平总书记在河北省正定县考察时指出:"给钱给物,不如给个好支部。农村要发展,农民要致富,关键靠支部。做好基层基础工作十分重要,只要每个基层党组织和每个共产党员都有强烈的宗旨意识和责任意识,都能发挥战斗堡垒作用、先锋模范作用,我们党就会很有力量,我们国家就会很有力量,我们人民就会很有力量,党的执政基础就能坚如磐石。"

在2015年减贫与发展高层论坛上,当谈到中国式减贫经验时,习近平总书记首先指出的即是,坚持中国制度的优势,构建省市县乡村五级一起抓扶贫、层层落实责任制的治理格局。

2015年6月,习近平总书记在贵州召开的部分省区市党委主要负责同志座谈会上指出，选派扶贫工作队是加强基层扶贫工作的有效组织措施，要做到每个贫困村都有驻村工作队，每个贫困户都有帮扶责任人。工作队和驻村干部要一心扑在扶贫开发工作上，有效发挥作用。

2017年6月，习近平总书记在深度贫困地区脱贫攻坚座谈会上强调指出，解决深度贫困问题，加强组织领导是保证。尤其要加强工作第一线的组织领导。要把夯实农村基层党组织同脱贫攻坚有机结合起来，选好一把手、配强领导班子，特别是要下决心解决软弱涣散基层班子的问题，发挥好村党组织在脱贫攻坚中的战斗堡垒作用。

在十三届全国人大一次会议上，习近平总书记参加重庆代表团审议时强调，中国特色社会主义大厦需要四梁八柱来支撑，党是贯穿其中的总的骨架，党中央是顶梁柱。同时，基础非常重要，基础不牢、地动山摇。在基层就是党支部，上面千条线、下面一根针，必须夯实基层。

在参加山东团的讨论中，讲到乡村振兴的基础和前提时，习近平总书记提出"组织振兴、人才振兴、产业振兴、文化振兴和生态振兴"。

围绕党中央实施新时期脱贫攻坚战略，中央各部委陆续出台1000多份文件提供顶层的制度及政策支持。从中央部委到乡镇的党政机关、企事业机构和团体也派出77.5万人的驻村工作队、19.5万名第一书记，加强"最后一公里"的人力和组织保障工作。近年来，山东省、市、县三级抓党建促脱贫攻坚工作立足内涵式创新和外延性拓展，形成了具有体系化鲜明特色的山东经验。

二、主要做法及成效

（一）主要做法

山东省抓党建促脱贫工作起源于1998年，到2014年时经历了三个阶段。第一阶段始于1998年全国实施"八七"攻坚计划中期。面对农村内部组织严重乏力问题，大规模选派机关干部到贫困落后村蹲点包村、单位挂包、一驻三年、一批干部包村一年，承担"抓发展、强队伍、保稳定"三项任务。仅济宁市1998年就从市、县、乡三级选派10521名机关干部到全市1425个贫困后进村蹲点包村。第二阶段始于2004年。党的十六大召开之后，解决"三农"问题成为全党工作的重中之重。山东省总结上一轮"各干部下基层"工作的经验及不足，克服"驻村帮扶就是给钱给物"的观念和倾向，继续以两年为限，派干部驻村完成"抓班子、强队伍、促发展、保稳定"四项任务，以更强的力度抓村级班子建设。第三阶段始于2006年。为回应以美丽乡村建设为主题的新农村建设需要及之后农村减贫与发展相协调的需要，山东省再次加大下派驻村工作队力度，更加突出到贫困村抓基层组织建设的工作重心，形成越加重视党建促脱贫攻坚的"抓手"中心工作。这些长时间积淀的党建扶贫地方经验，到2015年时厚重发力，形成体系化的建设经验。其具体做法可分为四个方面。

1. 各级联动，构建党建扶贫组织体系。根据党委政府共同抓脱贫攻坚的责任定位，山东省在理念先行基础上，将政治目标和组织保障这两个顶层思维转化为实际操作的制度创新。在党建促脱贫攻坚的核心形塑中，创立三级互为关联的系统，形成有机联系的整体性党建扶贫组织体系。

（1）用"三条硬招"，强化各级扶贫工作领导小组及办公室的组织创新。其一，省委书记、市委书记、县委书记及省长、市长、县长分别担任各级扶贫工作的政治和行政领导；同时，各级组织部成立下派扶贫驻村干部工作办公室，长期与扶贫办合署办公，由一位副部长专职担任办公室负责人，保证驻村工作的组织权力。其二，做实三级扶贫办工作。所有由扶贫办协调工作的党政机关，均要派一名副职领导甚至正职领导到扶贫办日常规范化地合署办公。例如，平邑县将扶贫办改造为扶贫攻坚作战指挥部，县国土局、县发改委、县财政局、县交通局、农田水利部门等40余个行业部门抽调人员合署办公。其机理是针对各业务工作和政策，扶贫办同志不可能熟练掌握的实际情况，在每周工作调度会上，大家坐到一起共同协商、分工负责、吃透政策、整合资源、精准施策（访平邑县统战部长兼扶贫攻坚指挥部副指挥长）。三级扶贫办职级比同级局长提高半级。所抽调人员每年岗位考核在扶贫办进行，评选名额多出一倍。其三，按照省负总责、市县抓落实的不同责任，围绕减贫与发展开展工作。

可见，扶贫办的组织力是系统性、全方位的。包括围绕战略目标而设置的政策与人、财、机构、平台共嵌的组织体系及办公机制的创新。

（2）依托"第一书记项目"创建三重组织体系。为回应村庄原子化、党的村级组织软弱涣散、减贫发展制度优势在村庄落地缺乏载体和平台的问题，山东省从2014年起，由省里下文出要求，各市（地、区）下文做落地。如济宁市，从2014年至2017年，陆续出台关于第一书记驻村工作的规范、服务等文件来指导实践，创造性地开发了与一般意义上下派第一书记的工作机制和工作目标均不同的"第一书记项目"。"第一书记项目"由三个子系统构成一个组织大系统。其一，成立三级组织机构，做实政治、组织强大基础。①成立干部驻村联户工作领导小组，由市委主要领导任组长，领导小组下设办公室于市委组织部，负责做好干部驻村联户工作的统一领导和组织协调。②从市直单位抽调县处级干部组成"干部工作团"，挂职任派驻县（市、区）党委副书记，任期两年，负责第一书记日常监督管理和服务工作，指导所有在县（市、区）驻村联户工作。③各乡镇设立驻村工作队，队长由其中的一位第一书记担任，就全乡镇第一书记工作进行交流和支持。纵向上，三级工作机构完善驻村联户信息平台，建立民意诉求台账。横向上，市县直各部门单位要求明确第一书记驻村联户工作的分管领导和责任科室。市县纵横专设机构要求定期召开会议，梳理分析第一书记项目的驻村联户工作，会商解决在驻村联户工作中群众反映的问题和诉求。例如，曲阜市防山镇下派工作队每月召开一次第一书记会议，市县两级第一书记就工作进度和面临困难进行交流，共同商讨解决办法。

其二，选派第一书记。第一书记主要从市、县（市、区）党委、政府工作部门、人大、政协机关、人民团体、直属事业单位、高等院校、国有企业和省属经济有关单位中的优秀并有副科级职务的年轻干部中选派。派出单位同时选派1名机关干部作为工作组成员，与第一书记共同做好驻村工作。没有适合党支部书记人选的村，第一书记可兼任村党支部书记。省、市、县派第一书记分别由三级财政给予30万元、10万元、5万元的驻村项目经费，1万元的驻村工作经费，要求在"治理"模式下使用。

其三，设置乡镇驻村工作队。县（市、区）从第一书记和工作组成员中择优确定乡镇（街道）下派工作队队长，挂职任乡镇（街道）党（工）委副书记，统筹做好本乡镇（街道）第一书记工作。即由"干部工作团"第一书记"乡镇驻村工作队"三个子系统作为核心专门机构，由各市驻村联户工作领导小组牵头负责，构成第一书记驻村工作为中心的抓党建促脱贫攻坚组织体系。"第一书记项目"进行三重组织构架的强化并给予全方位后台制度供给，弥补了过往第一书记"只身"入村，缺乏组织化方式提供的可持续政策资源、方法、路径、合力整合等支持的缺陷，从而也为"不走过场"的驻村工作夯实了组织基础。

（3）组织化推动三种文化融入党建、社建。以精神文化力量嵌入抓党建促脱贫攻坚过程之中，使之成为第一书记和村庄党员干部实际工作的精神动力及整合村民价值认同的文化依据，从而以组织化方式推动既在地超越其地域域界的文化共识，成为山东省抓党建促脱贫工作的一个有机组成部分，亦是一种建立文化自觉、文化自信，从而提供文化引领，生成自强不息主体能动性的有意为之的扶贫路径。其具体做法可以归纳为三个着眼点。第一，着眼于地域中具有超越性的文化类型，进行精神资源的组织锁定。例如发源于曲阜的儒家文化、孕育于沂蒙山的红色文化（也是2013年习近平总书记在山东考察时提出的"沂蒙精神与延安精神、井冈山精神、西柏坡精神一样，是党和国家的宝贵精神财富"），以及社会主义核心价值观承载的当代中国政治文化，在贫困村等村庄建设规划中，投入资源进行在地化和可视化的景观打造。第二，着眼于以党的组织方式要求党员干部，特别是乡镇驻村干部带着三种文化的理性内容及深厚感情投入工作。第三，着眼于将三种文化以规范和深化方式进社区。例如，曲阜市在村级层面定期普遍开设儒学大讲堂，宣讲执政为民、立党为公的责任担当内容。沂水县出版红嫂图书及音像制品，用于村党支部"一会两课"中讲人民利益和党的宗旨的学习教材；临沂市在通过第一书记渠道开展的村级文化建设中，以晏子故事催生农户孝老基金，"村户互补"使济贫助困、自强不息反贫困的多个项目平台生成。抓党建促脱贫的最重要保证，即是讲政治的组织化投入，山东省对此进行组织化建设，均以问题意识为导向，因而具有较强的科学性和回应问题的实效性。

2. 整合资源，有效发挥制度优势。由于体制原因，过往第一书记进村缺乏开展工作的多种资源支持，只能空口"讲政治"或找关系"跑项目"。第一书记被制度预设的抓党建促脱贫、促发展的功能定位，也就无力锁定、难落实地。为回应这一难题和挑战，山东省探索了三种配套性的做法。

（1）行业部门提供细密的政策支持和专业支持清单。针对长期以来行业扶贫体制纵向封闭、缺乏乡村整合平台的碎片化问题，以及专项扶贫资金支持的项目落地脱离村庄治理意义上的承接平台问题，山东省出台政策，要求省、市、县（市、区）涉农部门每年都对本单位掌握的项目资金、政策资源进行清单式整合，梳理出涉及25个部门的107项资金项目清单，经县扶贫开发办公室合署办公机制再次全面整合后，按村报项目规划下移资源到乡（镇）再次统筹。要求各涉农部门列出政策项目清单后开辟快速办理通道，全乡（镇）统筹项目资金，优先用于"第一书记村"。申报"第一书记项目"，按照第一书记代办、村"两委"主办、乡镇审核把关、下派干部管理机构备案（组织部）、有关职能部门审批的方式办理，做到人、财、物的组织体系化的平台运作。"第一书记项目"坚持审批权限不变、管理渠道不变、资金用途不变、项目投向不变，统筹使用效益优先、特事特办、快速办理的原则，确保"第一书记项目"合规、合法、快速、有效。

这一创新的实质在于：一方面，使第一书记进村开展工作有资源为后备，同时也使党政主导的精准扶贫资源落地有介质渠道；另一方面，作为国家体系化的行业，专项扶贫资源载体的各行业部门之间过去难以整合使用的项目资源，有了"最后一公里"的平台按规承接，基层自主性与体制严肃性在第一书记制度下有机嵌合。

（2）激活村庄集体资源，用于抓党建促脱贫攻坚的资产建构。一方面，山东省原有村集体资源，大都处于闲置或低价利用状态，例如滩地、山林、原有旧厂房，以及一些集体所有的东西。另一方面，这些村仍然是集体经济空壳村。对此，村民意见较大，但没有干部具体作为。从2015年起，山东省出台政策，以村庄党组织，特别是"第一书记项目"为抓手，收回、盘活、利用好村集体资产，变村庄空壳村为有实体经济收入村，第一书记对此负有明确的责任，并将村集体经济年收入量化指标作为考核第一书记及帮扶单位年度工作的重要内容。

自上而下、自下而上两种方位的经济资源在村第一书记工作平台上整合，夯实了贫困治理、村庄治理的经济基础，为重聚村庄共识、力主公平正义、发展综合素质等提供了经济基础。

（3）将"第一书记机制"建设路径塑造为整合跨界多种资源、内化于村的承载通道。根据现代科技、社会微公益、互联网工具特征，以及社会保障政策供给情况，山东省在以下三个方面给第一书记和村级党组织赋能：

其一，着力"党建+电商"的能力建设。如全省普遍对第一书记进行"电商"专业培训，以此推动贫困村电商扶贫突飞猛进发展。

其二，着力推动"党建+城市机关企业"的社会微公益衔接机制在村落地和持续扩展。如××县城建局干部孙建军领军的"城市微公益"，其成员从县委书记到小学教师，从街道主任到企业老总，他们用6年时间，通过与第一书记渠道整合入村，关注贫困儿童及家庭的长期助贫工作，在100多个村庄，建起1900多户困难儿童家庭档案，按档精准帮扶，与第一书记在村工作形成内外互补。

其三，"党建+N个政策组合"精准施策。由第一书记撬动协调的以村党支部和党员发挥作用为工作平台的在村工作，还要负责县级机关干部全员结对帮扶贫困户，跨越城乡的"驻村联户"信息提供和监督帮扶质量的工作。例如，济宁市下文规定了驻村联户落地要求，第一步即必须以掌握各种帮扶政策为前提才能实现精准施策。由此，将各种社会保障及扶贫政策钻研到极致的"吃透政策"，使党的惠民政策真正落到实处有了真实的制度保障。例如，××县中医院对口帮扶××村，派出的第一书记发现村民对社保及大病救治等政策知晓率低，好的政策用不上，因病致贫案例不少。医院党委组织全体帮扶人员在驻村联户工作中，收集全村人口及健康信息，创建专题数据库与医保数据库联网，并准备拓展到与低保网、贫困户数据库联网的大社会保障网，形成动态的、灵敏的多维度政策对应保障机制，也可强化政策实施的公开与公平。

总之，以第一书记体系化工作平台，整合多种资源并精准落地，是山东省回应贫困治理及村庄发展的制度瓶颈而作出的创造性探索，从理论上看，这一创新将政治目标的实现方式进行了科层制内部整合、村庄共同体固有资源撬动性整合和体制内与体制外路径整合，具有学理和实践的创新价值。

3. 凝聚干群合力，构建以基层党建为基础的村庄治理平台。山东省抓党建促脱贫攻坚的落地关键环节定位于提升乡村治理水平这一关节点。针对普遍存在的村庄集体行动能力全面衰落、原有治理模式陷入困境、村庄治理拥有的社会资源极其匮乏等突出问题，山东省创新第一书记主抓村服务型党支部建设，引领村民广泛参与贫困治理和村庄社区治理平台构建。具体做法是：

（1）以提升治理水平为中心的目标锁定。山东省将派遣第一书记驻村工作的问题意识锁定在村庄基层党组织的建设上，从而提升整个村庄治理水平的基准点。由此将由组织部派遣第一书记到贫困村的范围扩大到村级党组织软弱涣散村、集体经济空白村。这无疑拓展了第一书记制度建构的外延，深化其内涵，将表现为贫困村、村党组织软弱涣散村、集体经济空白村的不同类型问题村的共同本质加以凸显。

例如，汶上县在强化基层党建推进脱贫攻坚上，夯实基层基础，建强堡垒"激活力"。把脱贫攻坚与基层组织建设有机结合，选好配强支部班子，选派过硬帮扶干部，把村级党组织建成脱贫攻坚的战斗堡垒。一方面，聚焦班子、逐村提升。11名县委常委带队，采取听取汇报、座谈交流、实地调研相结合的方式，对全县14个乡镇的493个村班子逐一进行调研，分析研判，分出好村223个、中间状态村238个、软弱涣散村32个，梳理出村级存在的7个方面37个共性问题，指导乡村建立整改台账，抓好整改提升。出台了加强村党支部书记队伍建设20条意见，实施千名村级后备干部培养工程，提升村级党组织抓党建促脱贫攻坚能力。同时突出实效、选派"硬人"。围绕思想好、作风正、能力强、愿意为群众服务等要求，选派142个工作组和63名第一书记，前往省定扶贫村、班子软弱涣散村和集体经济薄弱村，实行

"党建+扶贫+N"项目化管理制度,进一步强化驻村工作组和第一书记抓党建促脱贫攻坚责任。截至2017年底,实施驻村帮扶项目578个,已完成208个项目;发展种养加类扶贫产业92个,帮助526名贫困群众家门口就业;协调各类资金2800余万元,硬化道路170余千米,新打机井100眼,健康查体18000人次。

(2)第一书记制度设计,将相信群众、依靠群众作为党的基层组织建设的生命线。驻村联户工作,即是以村庄治理为目标,提升农村基层党组织的服务能力,因此,对第一书记工作内容的要求是:

第一,调查研究。要求第一书记及工作组成员在驻村工作的前两个月先调查村情民情。重点开展"五必访五必问",访党员干部、村民代表、致富能手、贫困户、信访人,问班子运行、村情民意、发展路子、群众疾苦、矛盾纠纷,找准并抓住包驻村突出问题及原因。第二,制定工作规划。围绕村重大需求,即农村服务型党组织建设需求和扶贫开发任务,在尊重村民意愿的基础上,制定两年帮扶工作规划和年度任务目标,提交村"两委"会议、党员大会和村代表会议讨论通过,经派驻乡镇党委和派出单位党委审核同意,作出公开承诺,抓好组织实施。第三,通过组织参与及组织实施,整合横、纵向行业扶贫资源,形成经验、业务及新前沿知识的能力整合机制,在相关业务部门专业人员指导下,完成由村民参与组织和共同实施的村庄各类项目。第四,带队伍,建设过硬支部。不建强村党支部不走人,在带领村干部办实事的过程中,增强村班子的凝聚力和号召力,没有合适人选的村,第一书记可兼任村党支部书记,不断改善党员队伍结构,以先好人、后能人的理念培养村干部和新党员。

对第一书记的工作要求显示出,以村党组织服务能力提升促治理能力提升，是第一书记制度安排的重心。

（3）以撬动村民参与的公共事务平台建设，作为抓基层党建促贫困治理和社区治理创新的重要抓手。山东省的抓党建促脱贫工作创新的举措，是推动扶贫理事会、村民议事会等类似治理平台的创生和重新激活。第一，扶贫理事会工作机制。2016年，在临沂市大赵家屯村自发产生，随即被市委加以完善和推广，以第一书记协助村"两委"，着力建设村集体经济监管并严格作为减贫资源在地化增值的制度创新。其做法是：在村"两委"和合作社之外，由村"两委"和第一书记提名，村民代表会议通过，组建村扶贫理事会。理事会成员有5—7人，由老干部、村干部、贫困户代表、村民代表组成；没有报酬，义务为村扶贫工作服务；负责扶贫资源使用的建议，贫困户出列、返贫入列的动态管理；负责如何分配扶贫资源的方案起草及最终落实和监管；负责村集体项目实施时的意见收集以及对工程质量的监管等。以政治荣誉感鼓励扶贫理事会参与贫困治理工作。第二，动态识别贫困户的退出和新进。依据对熟人社会的优势利用，外来第一书记结合内发的村扶贫理事会，开展较为准确的贫困户入列、出列动态识别，使扶贫理事会实质上成为村庄贫困治理和社区治理的承载主体。同时，制度规定，将打造扶贫资源承载主体与使用主体分离、所有权与受益权分离的"一载体两分离"的治理格局，使村"两委"真正成为干事、服务的主体，扶贫理事会成为主持公道的监督、管理主体。第三，构建社会政策与发展项目相统筹，实现公平正义的村庄组织基础。针对党中央和省、市制定出台的各项惠农惠民政策事项丰富而繁杂，基层群众不了解、不知道的阻隔情况，单位联系村、干部联系农户的制度真正有助于将党的惠农政策送到田间地头，把各项民生实事办到千家万户，有助于把各种矛盾化解在基层、消除在萌芽状态，有助于提升基层党组织服务能力。

4. 注重长效，加强党建扶贫监督机制建设。以第一书记为抓手的党建扶贫体系中，同构性构建了专门性的监督、评估子系统，其特点在于：以威严的组织体系，自上而下形成日常与临时互补考核结构为制度主体，又以村庄治理体系中监督功能的培植为基层基础，组成自上而下与自下而上的监督、评估子系统，来保证落实抓党建促脱贫攻坚的政治目标拟达成的公平正义。

第一，对下派人员的工作监督。按体制规范，设立了同构性的五条监督路径。(1) 市委常委、副市长带队日常督导机制；(2) 人大代表、政协委员专项视察检查机制；(3) 市、县（市、区）组织部成立的下派干部办公室负责的日常专项督查、检查机制；(4) 不定期聘请相关部门、社会组织和群众代表监督评议检查的机制；(5) 省、市、县三级纪委列为专项督查的评估机制。五个机制既围绕抓党建促脱贫攻坚的工作进行督促检查、评议，又各自独立、各有偏重的实操，真正保障和促使扶贫工作真抓实干，容不得半点虚假和马虎。同时，专业性的督查，使党建扶贫工作创新不越界有了组织保障。

第二，对扶贫项目和资源利用的监督。山东省以第一书记为统领和抓手的减贫发展由于与多种资源相连接，在保证调查研究、规划设计立项论证、村民参与过程跟进、服务到位、注重验收、公正分配、再行投资监控等过程完整性的同时，也将多元化的项目审核、监控、评估机制同构性带入项目行进过程中，使监督、控制系统的整合也落地到村庄层面。行业部门不同特点的项目监督机制的融合，各行其是又整体互补，形成严防腐败的操作之网。

第三，村庄参与的治理型监督。低保、社保、教育、危房等保障型政策落地的公平、公正性一直是村庄治理的难题。山东省第一书记制度撬动村庄扶贫理事会的创建及村民议事会的复兴，事实上将乡村治理的时代化运作形成了一种昭示。例如，平邑县大赵家屯村扶贫理事会的监督功能，用老百姓自己的话说就是：我们出招，让村干部们去干，他们又受我们监督，干不好要指出来，否则就像我们没面子、没水平做好大家利益共赢的事。

（二）发展成效

从学理与实践相结合的维度观察，山东省党建扶贫发展成效主要表现为两个方面：

1. 提升减贫路径的实施可行性

第一，探索出一套"第一书记机制"，使好政策得以较精准地落地，突出表现为从政策精准到位入手，解民忧办实事。干部联系农户制度不仅切实帮助困难户、贫困户解决了难题，更重要的是让群众在遇到困难时有了"主心骨"，在干部和农户间建立起一种天然联系，"有事打电话"成为农户的共识，存在于基层的各种矛盾也随之减少。在济宁市下派办组织的一次问卷调查中，村民回答"本村出现较大矛盾纠纷主要依靠哪种途径解决"时，15.45%的被调查农民选择了"驻村帮扶干部调解"，这个比例高于"基层司法干部协调"和"宗族关系解决"。通过全面实行干部联系农户制度，济宁市真正做到了将基层工作下沉入户，解民忧、疏民意，办实事、解难题，密切了干群关系，加强了与群众的血肉联系。

第二，以基层党建为中心的体系化贫困治理框架已现雏形，以第一书记为载体的村庄外部输入的扶贫资源整合及向村庄落地的平台创新路径基本定型。山东省扶贫资源来自3个部分：（1）专项扶贫资源；（2）24项行业系统的涉农资源；（3）社会捐赠、企业众筹等扶贫资源。过去这些资源量较少，且在村庄缺乏进入路径和承接平台。第一书记的组织渠道及扎根要求，为外部的扶贫资源公平、公正、公开有效落地提供了政治和组织保障，如各地出台非常细致、体系化的项目监管评估机制。

第三，抓住与土地相关的经济利益这一根本"牛鼻子"，以党的服务型基层组织建设为基础，普遍建立集体经济实体。如扶贫车间、扶贫大棚、扶贫园区、电商扶贫等，是能够自己"造血"的村财政减贫经济载体。为此，先由外来资源在乡镇整合后，以村第一书记和村庄基层组织的服务型建设为根据，按照治理原则使用和管理集体经济，形成村庄贫困治理的内部财政源泉，外部监管也形成了一套共嵌的有机连接，从而凸显出政治、经济及社会的体系化共建，在村庄层面撬动了内生活力和动力的有序生长。此类创新探索形式多样，内涵本质相通。发展壮大农村集体经济，是全面建成小康社会的一项基础性、长期性工作，对于巩固党的执政地位有着重要意义。如何实现村级集体经济从无到有，从小到大，达到从量变到质变的飞跃，是第一书记抓好脱贫攻坚工作的第一要务。曲阜市姚村镇庙东村昔日是累计负债70余万元的集体经济空壳村。曲阜市人大常委会办公室驻庙东村第一书记翟德军通过实践与摸索，逐步确立了"输血—换血—造血"的工作思路。"输血"即引入资金投入新农村建设，改善农村生产生活条件；"换血"即转变村"两委"班子、农村党员与群众的思想和精神面貌，激发农村的内生动力；"造血"即走产业扶贫道路，建立农村专业合作社，通过"支部引路、党员带头、村民参与、贫困户受益"这一联动机制实现村民与集体的共同富裕。在新思路的指导下，第一书记翟德军带领3个自然村的党员群众建立起生态莲藕、养生木耳和出口蔬菜等"一村一品"的产业发展模式和"支部+党员+农户（精准扶贫户）"的农村合作社组建模式，合理配置农村资源，提高农业合作社生产效率，提升村民特别是贫困群众的致富能力，使庙东村2016年上半年的村级集体收入较2014年同期翻了四番，村集体负债和贫困户数量逐年减少。

以服务型基层党组织建设，推动村庄多种生产服务、公共服务和社区服务等功能性组织萌生及成长，使在坚持政治目标下的扎根于本土的村民参与的动态型精准识别、精准帮扶和精准评估的贫困治理机制破土而出。在经县、市、省的自下而上创新经验发现和理性总结中快速拓展为全省实践，如扶贫理事会的创新、党建"1+N"结对帮扶模式、村民议事会自2016年以来重新焕发生机等。调查中多位被访者谈到，村民参与的公平、公正、公开的减贫社会治理，大大降低了2016年以来山东省和国家日益加大的对减贫政策，甚至惠农政策落地带来的系统性风险。

第四，基本解决了驻村工作与村庄党建工作"两张皮"问题，在提升农村党建工作水平上发挥引领和示范作用、突击队和生力军作用。抓党建工作才能把农村党员群众拧成一股绳，引领农村经济社会全面发展。抓好农村党建工作的基础是提升村级班子凝聚党员、服务群众能力，为所驻村留下一支永远不走的工作队才是第一书记制度的根本任务。农村基层党组织是党的细胞，是党在农村全部工作和战斗力的基础，是团结带领党员群众建设社会主义新农村的战斗堡垒。第一书记的主要任务就是抓好基层党建工作，使村级党组织成为对周边村有辐射带动力的服务型党组织，让党员能够更好地发挥先锋模范作用。

2. 为城乡融合发展和乡村振兴奠定了坚实的制度创新方法论基础

以贫困治理为突破口，在抓党建促脱贫攻坚的强力推动下，通过对脱贫攻坚政治目标的坚守和引领，激发社会参与的内生动力，以社会主体性的民主协商路径建设为载体，将各种资源整合起来，为实现城乡融合发展视域下的乡村振兴战略，创造前提条件和机制拓展。

第一，贫困治理到社区治理的路径明确化。党的第一书记进驻贫困村和软弱涣散村开展贫困治理的目标落地机制建设工作，使村民深度参与贫困治理。农户中即使有在外经商、打工的，也被家乡贫困治理的社区参与机制和平台所"内卷"，从而成为"有组织、有参与动机、有参与能力"的有机整体。国家主导的资源投入，有序进入村庄，撬动村庄跨越城乡的参与，事实上已经为村级集体经济建设平台的民主协商全过程参与，奠定了政治经济学基础。

第二，凸显城乡人才成长与组织建设相嵌合的内在规律。济宁市的调查报告数据说明，机关年轻干部对农村工作的陌生和粗放式工作方式的行使，明显不符合新时期农村复杂的工作要求。因此，通过党建扶贫具体的制度设计的体制机制创新，机关干部新选村干部均在同一个工作创新平台上创造性地工作。在实践中增长才干的基础，正是这一套制度设计的题中之义。2012年初山东省某市组织部曾对12个市直部科级及以下年轻干部（45岁以下）做过农村基层经历情况调查，其收回调查问卷4649份，其中，科级干部占17.4%，副科级干部占24.8%，副科级以下干部占57.8%；30岁以下干部占18%，30—35岁的干部占21.7%，36—40岁的干部占27.3%，41—45岁的干部占33%。调查显示，64.6%的调查对象没有工作后驻村工作或调研经历；29.3%的调查对象没干过农活；35%的调查对象没走访过普通农村家庭；44.8%的调查对象一年内没有因工作需要去过农村。因此，该市通过组织全市7.3万名干部与6215个行政村181.4万农户建立直接联系，做到每个干部都有联系户、多个农户都有联系人的"两个全覆盖"。

仅仅通过2013—2015年三年时间构建了联系服务群众新模式，该市实现由少数人驻村到机关干部全员参与的转变；坚持既办实事，又"解心结"，实现从修桥补路到修补干部关系的转变；通过工作重心转移，实现由送钱送物到送政策送服务的转变；注重培养锻炼干部，实现干部下基层由"要我下"到"我要下"的转变。

第三，奠定了保障型、发展型和生存型政策整合及发展体系的精神基础。减贫政策与"三农"政策的体系无法融合及落地扎根，是长期以来我国扶贫体制与发展体制存在机制错位、内在缺陷的问题之一。即原有扶贫政策注重项目化操作，因而对项目的精神性因素有较大遮蔽。如自力更生、自强自立的奋斗精神，对敢于担当的制度创新探索，缺乏制度激励和有效的精神性动员和鼓励。特别是在"最后一公里"的贫困治理上，缺乏精神高位的统领，仅仅限于就事论事的解困。山东省将减贫与发展的理念与精神相整合，聚焦沂蒙红色文化、孔孟儒家文化与社会主义文化的精神基础的打造，取得政策高地的精神整合功效。沂蒙红色文化倡导的不忘初心、服务人民，以人民利益为根本利益的目标整合，儒家文化倡导的仁、义、礼、智、信，家国同构的大气与追求，社会主义文化凸显的共享成果的公平与正义发展道路，将社会底线思维与顶层战略整合性形塑，从而使扶贫政策在保障型、发展型和生存型政策供给的制度闭合能有序打开，形成社区平台的新的整合，有效消解原有的体制碎片化风险。

精神文化的整合、政策落地的实操奠定了统一思想,从而达成共识,实现合力的文化统合基础。例如,沂水县第一书记体系化建设中用"红嫂精神"的感动性震撼,纯化干部驻村工作作风,使为老百姓切身利益着想、将扶贫政策精准落户成为干部们的一种精神信仰。曲阜市将孔孟儒家文化用于村庄孝善文化的公益性打造,使人们对微公益、村落和家园建设、电商扶贫等发展型政策资源落地,有内生性的评价共识。社会文化中对公平正义的提倡,对共同富裕的彰显,也从精神共识上同样深化了村庄共同体对村庄发展目标的集体行动能力提升。而这一切,均是乡村振兴所需要的精神性力量。以党建促脱贫,即使这三种文化的嵌合成为理解保障型扶贫、发展型扶贫和生存型扶贫三种政策衔接的共同精神基础,为打破三种政策落地时原有制度碎片化导致的自我封闭性,开启了一扇融通之门,从而也为精神性力量反作用于政策实操奠定了体制基础,成为乡村振兴的重要路径之一。

三、主要经验

(一)实践经验

1. 政治定力与组织力为基础的体系化建设

抓党建促脱贫攻坚采用了践行"初心"的政治目标的宣誓,凸显出扶贫工作鲜明的党性特征,进而为自上而下的脱贫攻坚组织力的构建,提供了政治制度保障的前提。

讲政治为先,以问题意识牵引,发挥政治制度优势,创新"硬组织""硬投入""硬监管"的"三硬"结构性制度体系。从政治定力上做实落地机制和组织力供给。注重党建促脱贫的过程性制度创建,以绣花功夫,形塑"讲实干""建实体""求实效"的"三实"工作模式,将

"实"镌刻在抓党建、促脱贫的每一步进展中。

构建"第一书记机制"为突破口的村庄治理综合平台，将五级书记一起抓的体制合力，贯通到"抓服务""固基础""育人才"的"三面向"核心聚焦点上，彰显可持续发展的内在依据。

2. 突破口与重要抓手互为嵌构的机制建设

（1）"第一书记机制"。以"第一书记机制"的体系构建为核心和抓手，五级书记一起抓贫困治理落地的基层组织建设，使从中央到村庄的关于减贫发展的政策目标及政策红利有了坚强的组织系统保障，以及政治立场坚守的制度载体，使原有专项扶贫、行业扶贫、社会扶贫的资源碎片化运行的制度短板得到整合式聚力。嵌构式目标引领统合了制度创新的内生动力。政治、组织和人的因素，在突破口机制创新中释放能量。

（2）扶贫理事会机制。以治理为基层建设和脱贫机理的减贫突破口或切入点的做实，是以理念创新和实践创新回应多年来政府减贫方式的革命性改变。尤以"扶贫理事会"的创建及"村民议事会"的激活、重建为标志，贫困治理的理念及基层落地机制建设皆成为首要和前提性要素。

（3）抓党建为先，选择建构集体经济为突破口。抓住与土地相关的经济利益这一根本"牛鼻子"，以党的基层组织建设为基础，普遍建立集体经济实体，如扶贫车间、扶贫大棚、扶贫园区等。为此，先由外来资源在乡镇整合后，以村第一书记和村庄基层组织的服务型建设为根据，按治理原则使用和管理集体经济，形成村庄贫困治理的内部财政源泉，外部监管也形成了一套共嵌的有机连接，从而凸显出政治、经济及社会的体系化共建。此类创新探索形式多样、内涵本质相通。

（4）以三种文化形塑政治共识为精神引领。山东经验还体现出具有历史感、地方智慧的文化和精神底蕴，一旦被主流政治文化所激活，必会产生巨大的精神力量；一旦作用于抓党建促脱贫攻坚对经济建设和减贫发展的社会动员和社会文化重建之中，就会对实质发展产生推动作用和扎根固基功能。因此，用共同体的政治文化感召去重新激发原有文化，使之焕发生机，达成全社会减贫发展的极大共识和文化认同，具有深刻的时代意义。

3. 可持续视域的党建扶贫平台建设

山东省的实践表明，以党建促脱贫为重心和核心抓手，从贫困治理到社会治理（社区治理），再到治国理政基层基础的夯实，三者之间具有内在的规律可循。

（1）基层组织建设中强调"先好人、后能人"的用人理念。将发现、寻找、培养村党支部书记和年轻人入党作为抓基层党建的第一要务。用人观念正在从村干部"先富带全村致富"变为村干部在服务型党组织建设中充当旗手的新时代理念。第一书记的主要工作，即为服务型党组织建设做桥梁。从各级驻村干部培训课程、工作实绩到考核指标上，均鲜活体现了这一特点。

（2）将党的基层组织建设与集体经济的功能减贫发挥、培育壮大，纳入贫困治理为起点的社会治理体系建设的平台之上，使贫困治理的体制机制创新平台具有了更广泛、更持久的社会治理潜质，使之成为可持续发展的内生动力。

（3）从可持续规律的开放性和时代性上，山东省抓党建促脱贫攻坚亦有独特的贡献和价值。例如为城乡公益资源合力的连接机制，电商人才网络的区域性构建，农业、旅游业新技术和新管理工具承接平台的搭建，等等，均以党建平台建设为抓手或路径进行组织、人才、信息等多方位的对接，有效回应当下中国农村基层组织涣散无力、村级集体经济空壳等普遍存在的问题。通过贫困治理，可为乡村振兴、田园综合体建设等奠定坚实的政治、经济、社会、文化基础。

（二）理论经验

山东省自2013年以来通过抓党建促脱贫攻坚的体系化理论也取得了具有创新意义的标志性成果，具有理论上启示价值。调研组认为，可以从以下三方面加以深化研究。

1. 包容性制度理论的深化

"五级书记一起抓"的政治立场及组织力体系建设，可以为党在贫困治理中提供制度安排，使组织力及政治目标相嵌合的规律内生性、合法性得以外化，以彰显逻辑与历史一致性的理论意义。山东省在抓党建促脱贫攻坚中以习近平总书记强调的五级书记一起抓的制度建设为纲，实现从中央到村庄的联动网状系统建构，成为履责的政治、组织载体。中国的政治体制具有牵一发而动全身的激活功能，以其宏观、中观、微观的体制打通的制度内涵，表征出意识形态与组织资源互为依存、彻底贯通的制度逻辑，也从科层制与运动式两种制度互补的成效中，表征出政治定力的极端重要性。

德隆·阿西莫格鲁在《国家为什么会失败》中对吸取型制度有深刻的分析，其理论汲取了戈登·塔洛克的"寻租理论"、奥尔森的"分利集团理论"的合理成分，从而提出"包容性制度"的"中立立场观"，有效地回应了制度作用于减贫的政治立场定位问题。而山东实践则从理论上更进一步，将制度落地的组织力与政治立场定位的关系体现为政治定力的整合，从而将中国的政治制度优势与反贫困关系的理论内涵进行了深层结构的升华。

2. 均衡、不均衡的辩证法理论向度的升级

山东省抓党建促脱贫攻坚"第一书记机制"的创新，摒弃了过去外部资源之间、外部资源与村庄内在基础之间"两张皮"的分裂式扶贫方式，将问题意识前移，再进行针对性较强、几乎无缝对接的平台建设。这一机理将千差万别的村庄差异性与外部资源如何输入的针对性进行了制度化形塑。探索将稳定的外部输入主体与万变的村庄需求两者对接，以人为本、制度支持的可复制的普适规律。同时也为从贫困治理到乡村振兴的通达平台构建，夯实了基础。

这一理论创新的意义在于，可以回应自现代以来，日本、韩国等发达国家和我国台湾地区的"乡村重建""乡村营造""新乡村建设运动"等基于某一个村，全靠内生资源禀赋选择发展模式的门槛过高、难以复制问题，依靠自上而下、自外而内的组织和物质资源，按照普遍脱贫的目标，因地制宜地配置资源，由此撬动内生动力的整合式发展道路。在此，中国故事中包含了深刻且创新性的发展学学理。

3. 少数服从多数与民主协商协同发展的体现

山东省以扶贫工作队队员和"第一书记机制"作为载体，嵌入村庄的"少数"，去推动村庄治理和基层组织建设，培育和壮大"扶贫理事会""村民议事会"与村"两委"的融合平台建设，从而激发社会活力、发挥大多数人的主观能动性、参与到减贫行动之中的社会动员机理，可以与"民主协商"制度生成和稳定运行机理相贯通。这样的理论视角，可以丰富村庄治理在减贫实践中如何用政治正确为社会治理奠基的内涵，从而深入探讨基层民主行使方式与人民的民主权利实际获得并有效行使的中国化道路。与此相比，已有的赋权理论仅仅局限

于参与式社会工作方法的项目式运用,不免有过于狭窄的理论局限。

四、需通过深化改革解决的问题

从实践中反映出的问题来看,下一步仍然需要面对以下三个方面的制度难题。

其一,村庄内部长期缺乏有效、有力的贫困治理组织平台问题。具体而言,从贫困识别的精准到过程施策的精准,再到脱贫出列的精准,在这一动态的减贫体系中,还缺乏一个公平、公正、公开的可持续运行的基层组织化平台。根本原因是村级以党组织为核心的各种基层组织社会凝聚力有待提升,村庄减贫发展的合力和动力不足。

其二,专项扶贫、行业扶贫平台建设缺失问题。从实践中发现,专项扶贫、行业扶贫纵向延伸,横向难以整合的封闭性、碎片化以及乡村缺乏资源落地平台的体制缺位问题,一直是我国减贫制度安排中的一种科层制缺陷和体制痛点。自精准扶贫实施以来,随着责任体系和监督体系的制度笼子加强,基层干部宁愿不干事也不愿意担风险的"懒政""惰政"现象日益突出,与体制不能落地的缺位、错位从而不敢担当有内在关联。探索和建设一个自外而内、自上而下的资源整合平台是当务之急。

其三,扶贫工作队和第一书记工作走过场问题。针对贫困村普遍存在的村庄治理缺失、村党组织弱化而脱贫攻坚任务难以推进问题,自2014年起,中组部和相关部委联合下文,提出从中直机关、国管企事业单位和各省、市、县相关机构下派驻村工作队和第一书记的要求。然而在实践中,遇到三个瓶颈问题:第一,作为工具性载体,精准识别的填表、改表成为他们的首要任务,无法抽身进行加强党的基层组织建设的实质性工作。第二，行业部门主导的扶贫资源缺乏落地渠道，而第一书记们针对村庄脱贫需求的项目资金却求助无门。第三，面对成为"历史"的扶贫项目和社会政策在村落地时的走形、错位、不公平、不公正问题后遗症，新来的驻村工作队队员和第一书记缺乏工作经验和相应的组织、政治资源去化解，从而对自己的工作产生无力感。

以上精准扶贫工作队从政治制度维度上表现为人、财、组织资源结构性错位的问题，构成山东省深化抓党建促脱贫攻坚必须加以回应的问题意识。

我国脱贫攻坚及可持续减贫与发展，已到了综合性、复杂性问题凸显的"啃硬骨头"阶段。因此，山东省以基层党建为抓手的脱贫攻坚体系化经验的总结、提炼和推广，具有十分紧迫和重要的意义。结合实践经验，有三个要件可先行推广：

1. 以省、市、县、乡、村五级书记贯通的党基层组织促脱贫。这是我国政治制度优势最重要的落地，也是习近平总书记关于扶贫工作重要论述的根本所指。

2. 将农村基层组织建设成为服务型党组织，要具备服务能力，为村庄减贫发展提供生产服务、公共服务和社区服务，以服务团结人、凝聚人，实现以社会治理为基点的可持续减贫与发展。

3. 建立村一级能提供以上服务的财政基础。有条件发展集体经济的村庄，国家或社会为其提供培育集体经济的"第一桶金"；暂时没有条件发展集体经济的村庄，提供村庄服务的财政补贴。总之，在农村社区创造社区服务就业岗，为优秀青年社区服务提供就业岗，并在此过程当中培育他们成为党员和村干部，造就一支"永远不走"的扶贫工作队。

五、市县案例

（一）大赵家屯村党建带"扶贫理事会"案例

2016年5月，起源于沂水县四十里堡镇大赵家屯村，后在全省范围内普遍推广的扶贫理事会制度，在与乡镇结合的"一载体两分离"制度衔接中，以乡村治理为基础，充分发挥党对扶贫工作的全面领导作用，不断夯实和强化基层组织力量，广泛参与政策宣传、村务管理、项目实施、资产监管、监督评价等工作，在精准扶贫的各个环节（包括精准识别、精准退出、精准帮扶、精准监管等）发挥了关键作用。同时，在强化党的领导、稳固基层政权、密切党群关系、培养后备力量、促进乡村嵌构的治理能力等诸多方面产生了积极的推动作用。

1. 起源与发展

大赵家屯村有220户672口人，土地面积为936亩。果园和菜地面积占农业种植面积的55%。在"十二五"期间，该村是深度贫困村，果树和蔬菜种植零散随意，没有统一的项目，收益微薄。脱贫的事无人问津，人心不齐，干活没劲。

2014年，村里争取到了总金额30万元的果树和蔬菜项目。面对从未遇到过的巨额资金，一系列问题随之而来：资金怎么分配，项目如何实施，哪些人参与，如何收益分成。村里开了几次会，吵个不休，也没能形成具体方案。村民都在观望，也有人开始发牢骚。后来一些老党员、老干部主动站出来，挨家挨户问情况、听意见、聊想法，再和村"两委"一起汇总研究，制定方案，得到大多数村民的认同。在项目实施过程中，他们继续参与监督和管理，保证最初的方案不走偏、村民的要求不落空。最后项目顺利通过验收并得到了上级的表彰。这些义务管理员在村民中有了很高的威信,也受到村"两委"的重视。2016年开始实施精准扶贫,项目和资金更多了,有了前面的经历,上级部门、第一书记、村"两委"和村民都希望这些老党员、老干部继续参与监督和管理。大家商量决定成立扶贫理事会,制定规章制度,名正言顺地进行监督和管理。大赵家屯村扶贫理事会的做法,很快得到县里的认可和推广,并制定了规范的《沂水县村级扶贫理事会章程》,对人员构成、产生办法、工作职责、权利义务、议事规则等作了详细规定。2017年先后在临沂市和全省进行推广。

2.主要做法和实际操作

按照《沂水县村级扶贫理事会章程》的规定,扶贫理事会的主要做法体现在四个方面:

(1)组成人员具有代表性。理事会成员由老干部、老党员、村民代表、致富能人、贫困户代表和村干部构成。其中,村干部1名,贫困户代表不少于理事会成员的三分之一。理事会应有懂工程、财务和经营等方面的人员。

(2)产生程序民主严谨。理事会成员由村党支部提名,由全体党员、村民代表、贫困户代表(不低于本村贫困户三分之一的比例)参加的会议通过差额选举产生。

(3)职能职责全面细致。理事会对本村精准扶贫工作具有参与、服务、协调、评估、认定、建议、监督等职能。

(4)运行过程规范有序。理事会会议原则上每月召开一次,有特殊需要时,根据工作需要可随时召开。

理事会决定的事项须经应到会人员半数以上同意并签字确认,报村"两委"审查同意后张榜公示,接受贫困户和村民监督。对会上无法解决、争议较大、表决未经全体成员半数以上同意的事项可暂时搁置，并确定下次讨论时间。

大赵家屯村扶贫理事会除了严格执行《沂水县村级扶贫理事会章程》规定外，在实际工作中还形成了一些约定俗成的做法。这些做法在其他村的扶贫理事会实操中也都不同程度地存在，主要表现为以下五个方面。

（1）会长一般不选村干部。在访谈中了解到，大多数村民（包括扶贫理事会成员）都认为"如果会长是村干部的话，扶贫理事会就变了性质（注释：变成另一个村'两委'了）"。

（2）理事会成员不能拿工资。村民的观念是"没有工资待遇的扶贫理事会成员，才能公平公正地监督和管理"。因为在村民心中，"谁发工资肯定是听谁的"。

（3）涉及扶贫方面的意见决定，一般由理事会出面。这是大赵家屯村村"两委"和扶贫理事会达成的一个默契。比如贫困户的识别，村"两委"最开始拿出的意见，村民大多不接受。扶贫理事会讨论了："你家有几个孩子？哪来的苦？哪来的钱？是不是很困难？在村里属于一个什么位置？"等等。因为信息掌握得全，情况分析得透，讨论有记录，结论有依据，尽管最后得出和村"两委"同样的意见，但是村民很容易就接受了。

（4）理事会及成员不能引进老板。在其他省份很多贫困县，招商引资（引进老板）是脱贫的一项重要举措。但是在大赵家屯村，扶贫理事会和绝大多数村民有一个共识：不能引进老板来掌控集体的资源。一个原因是吃过亏，"原先我们搞的项目，流转出一块土地来，引进一个大老板，老板发了财，老百姓没有得到实惠"。另一个原因是现在由扶贫理事会来论证和决策，经营管理靠村里的合作社，靠村民自己种植和经营，赚到了钱。两相对比，理事会和村民都不再相信也不需要依靠老板。

（5）反映给村"两委"的意见建议要通过讨论，同时要见到处理结果。理事会成员生活劳动、休息娱乐都和村民在一起，接触面又广，所以很容易收集到很多的意见建议。但是这些意见建议准确不准确、有没有代表性、轻重缓急程度如何、应该如何解决，这些都需要开会谈论，必要时还要请相关当事人到场解释说明并参与讨论。"所以对于我们（理事会成员）最后提出的意见建议，村干部一般都很重视。"也正因为这些意见建议很慎重很严谨，所以理事会反映给村"两委"之后，会紧盯着要处理结果或者是合理（村民能够接受）的解释。比如修路，邻近的村民反映路基挖得不深、水泥厚度不够，理事会成员去实地考察，情况属实，现场讨论形成意见，迅速反映给村干部。接下来几天，理事会成员就轮流守在工地，没有见到村"两委"的处理结果或是施工方的整改意见和新的施工方案就不能继续开工，有效防止了豆腐渣工程，维护了村里和老百姓的权益。

3．"一载体两分离"的扶贫资金民主管理模式

（1）制度创新体现个体脱贫与全村可持续脱贫的机制合理。"一载体"，即扶贫理事会；"两分离"，即扶贫资金承接主体与使用主体分离、所有权与受益权分离。规定村集体享有来自财政扶贫专项、社会捐助、村集体原有资产及新增资产的所有权，贫困户在未脱贫期间享有扶贫资产量化收益权。扶贫理事会全程参与收益分配的过程，对精准扶贫经营性资产的收益情况进行评估、认定，在保障贫困户相应量化受益的前提下，按照贫困户、村集体、全体村民的顺序，进行分配和再分配。建立贫困户量化受益权的有序退出机制,在贫困户稳定脱贫后,扶贫理事会要引导协调脱贫户履行协议,主动让出相应的量化收益权,收回到村集体进行管理和再分配,避免个别贫困户在脱贫后继续占用扶贫资源。做到一次分配精准、二次分配公平,平衡群众利益关系,防止在扶贫过后出现新的社会矛盾,确保公平扶贫,不留后遗症。

(2)这一制度创新彰显乡村治理重启格局中党的建设与其社会基础重建相嵌构的合法性机理。贫困治理中以抓党建促脱贫攻坚为核心内容,即是通过自上而下的"五级书记一起抓"的体制贯通,将脱贫攻坚承载的公平正义、共同发展理念在村级组织平台上落地。这一过程就是撬动村里农户普遍参与、普遍监督,构筑有效减贫和可持续减贫的社会组织基础。

4. 扶贫理事会在精准扶贫工作中的直接作用

(1)保障精准识别。准确识别贫困人口,这是精准扶贫的前提条件。扶贫理事会除了参与政府主导的发动群众、群众评议、入户调查、公示公告、抽查检验、信息录入等常规举措外,最重要的就是对似是而非或者争议较大的情况进行谈论辨别,得出大多数村民接受或认同的结论。村民赵××以需要照顾一个70岁的五保户哥哥、55岁的低保户弟弟,以及儿子离婚为由,提出贫困户认定申请。经理事会和村"两委"研究,一致认为,赵××虽然家庭条件比较特殊,但他经营三亩果园,养猪养牛,儿子务工收入较好,不符合贫困户条件,不予认定为贫困户,由理事会告知并向其说明贫困户认定政策,赵××本人理解并接受。

(2)保障精准退出。精准扶贫退出机制既是为了扶贫资源的准确使用和国家扶贫战略的持续有效进行，也是为了保持社会的公平正义，防止形成逆向激励、出现腐败现象。在实际工作中，经常出现应该退出者态度抵触甚至争吵闹事，也存在退出过于草率导致因病因学等原因返贫的情况。扶贫理事会对村里的贫困户情况熟悉，尤其是了解掌握他们连续几年的生产生活变化情况，这对退出机制的精准实施至关重要。贫困户赵××，2012年确诊为肾病综合征，无劳动能力，儿子7岁，家有1.2亩地，家中收入仅靠妻子外出务工，因此被评为贫困户。2016年研究脱贫计划时，有村干部提出，赵××现在家庭收入1.6万元，人均纯收入5000多元，按这个收入水平，年底即可脱贫，建议列入退出名单。但是扶贫理事会讨论后认为，该户是重点贫困户，自身发展能力差，无法保障稳定收入，每年医药费支出大，不应该列入第一批退出名单。最后村"两委"采纳了理事会的建议。

（3）保障精准帮扶。扶贫理事会积极发挥桥梁纽带作用，确保驻村工作组帮扶企业的帮扶力量、帮扶资源与贫困户精准对接。在实施长虹果业园项目的过程中，需流转土地460亩，但赵××等人，既不愿意发展果园，也不同意流转土地。驻村工作组由于不了解村情，难以开展工作，土地流转任务迟迟不能完成。扶贫理事会及时参与，镇村干部及理事会成员多次入户做工作，最终通过土地置换的方式，保证了园区建设按期进行。同时，在长虹果业园建设过程中，理事会成员全程监督项目资金使用管理、项目发包工程实施，严把工程质量关，确保把长虹工业园真正建成放心工程、民生项目。

赵××、董××等人，想发展经济作物种植但苦于缺乏资金和技术。扶贫理事会了解到这一情况，及时向村"两委"反映，由村"两委"干部牵头和××食品公司签订种植大蒜的合同，免费供种，并实行保护价收购,每亩收入3000元以上。全镇两家涉农企业通过这一形式,帮助120户贫困户实现脱贫。

(4)保障扶贫项目精准实施和扶贫资金精准使用。扶贫项目选择的过程,也是扶贫理事会统一贫困户思想的过程。2016年扶贫资金到村以后,干部群众对于如何使用这部分资金,意见不一致:有些贫困户想建果园,有些贫困户想建大棚,还有的贫困户想把资金分到户里,导致扶贫资金滞留财政账户,迟迟不能落地。扶贫理事会和村"两委"充分论证后,认为大棚项目建设时间短、利润高、见效快,有助于实现贫困户长期增收。扶贫理事会成员就逐户逐人反复做思想工作,最终统一了意见,顺利确定并实施了大棚建设项目。

扶贫理事会管过程的坚守公平正义的治理格局制度建设成效显著,针对扶贫资金形成的资产,扶贫理事会协助村"两委"制定了《大赵家屯村精准扶贫经营性资产经营管理办法》,将扶贫项目与建档立卡的贫困户进行精准对接,形成精准扶贫经营性资产,并全程参与监督资产经营管理,精准分配资产收益,确保资产经营和资金分配精准、规范合理,以及可持续存续的村庄共识及共同行动能力的提升。

(5)保障村集体扶贫资源的保值增值。有效将精准脱贫与可持续减贫结合起来。"一载体两分离"的制度化要求,将村集体资本增值和分配纳入贫困治理和社会治理的制度轨道,实现村"两委"管方向、管服务。

5. 扶贫理事会在抓党建带村建促脱贫中体现的制度功能

设立扶贫理事会的制度意义,从根本上说,实现了村庄党的建设与村庄社会成长良性互动的有效探索。

第一,就扶贫理事会的功能而言,由于有了其对村庄以及扶贫事业的直接参与，为过去仅仅依靠村"两委"在"最后一公里"落地的党的减贫战略，注入了"润滑剂"。理事会参与贫困人口的认定与退出、精准扶贫经营性资产的使用方向、收益分配，是村"两委"与贫困群众之间的第三方力量。因其较强的公信力，可以帮助第一书记、村"两委"宣传动员，协调相应的利益关系，引导贫困群众参与配合相应工作。由于理事会由群众中威信较高的乡贤能人组成，而且是无报酬、纯义务的公益性服务，群众普遍信赖。在面对矛盾纠纷时，可以对对立情绪进行"减震"处理，从而从制度层面有效弥补了长期以来村"两委"在执行扶贫政策时，难以贴近普通村民的机制短板，使扶贫政策落地，贯通了目标引领的方向和坚定立场。

第二，鼓励引导扶贫理事会健康发展，在脱贫攻坚中更好地发挥作用，并成为从贫困治理到社区治理的社会组织基础，是村级党的建设的题中之义和重要抓手。在临沂市委组织部制定的一系列相关文件的指导下，大赵家屯村及全市设立扶贫理事会的村庄，将引导理事会成员加强自身建设，增强自我规范、自我管理、自我约束的能力建设并入了村级党的基层组织建设工作内容中，具体的制度建设是：①由驻村第一书记和村党支部定期、不定期组织成员学习扶贫相关政策法规，达到熟练掌握的程度。②熟知本村扶贫工作，动态了解贫困户情况和信息。③严格履行扶贫理事会章程，自觉接受村"两委"和全体村民的监督。④在扶贫工作中搞好评比，工作表现优秀的，给予一定的奖励和政策荣誉；对因身体或其他原因不能正常履职的，及时调整更换，使扶贫理事会的工作成为抓党建带村建促脱贫制度安排的重要组成部分。无论是扶贫理事会成员，还是普通老百姓，都将能成为扶贫理事会成员视为一种极高的"政治荣誉"。这种社会共识促进了法治、德治与自治的有机结合，成为落地生根的机制创新的价值观引领，凸显强大的生命力。

（二）济宁市下派第一书记的案例

党的十八大以来，我国已向贫困村下派17.7万名第一书记，几乎覆盖全国所有的贫困村。第一书记将村庄党的建设与脱贫攻坚有机结合，在两年任务期结束时给村里留下一支永远不走的扶贫工作队，而不是仅仅为了完成以精准识别为内容的易地扶贫搬迁项目制任务。其间，如何解决第一书记与村庄党建"两张皮"，第一书记与农村社会治理"两张皮"，第一书记与综合性、结构性减贫"两张皮"，第一书记与可持续减贫"两张皮"等问题，济宁市自2012年以来实施的第一书记系统工程，均有较好的回应，并产生深远影响，本案例即对此做法进行机理性的呈现。

1. 保障体系

济宁市下派第一书记驻村工作，是一个体系化、系统化的闭合工程，并将此命名为"第一书记项目"。此项目设置的前提是建立政治、组织资源的保障体系，而非单一的派人驻村。

（1）项目制定位。2011年，济宁市在部分县（市、区）开展选派第一书记试点工作。从市、县（市、区）直部门单位选派优秀年轻干部担任第一书记，组成工作组，到贫困村或软弱涣散村抓党建促脱贫、抓党建促村集体经济建设。2015年，"第一书记项目"全面铺开。通过由县乡决策，从差到好，倒排帮扶需求村的精准秩序，由市扶贫领导小组会同市委组织部制定方案，连续对贫困村、软弱涣散村派出第一书记和工作组。

（2）"第一书记项目"由三个子系统构成一个组织大系统。其一，成立三级组织机构,做实政治、组织强大基础。一是成立市委干部驻村联户工作领导小组,市委主要领导任组长,领导小组下设办公室与市委组织部,负责做好干部驻村联户工作的统一领导和组织协调。二是从市直单位抽调县处级干部组成"干部工作团",挂职任派驻县(市、区)党委副书记,任期两年,负责第一书记日常监督管理和服务工作,指导所在县(市、区)驻村联户工作。三是各县(市、区)成立相应领导小组和办公室。纵向上,三级驻村联户工作机构完善驻村联户信息平台,建立民意诉求台账;横向上,市县直各部门单位要求明确驻村联户工作的分管领导和责任科室。市县纵横专设机构要求定期召开会议,梳理分析过程中的驻村联户工作,会商解决在驻村联户工作中群众反映的问题和诉求。例如,曲阜市防山镇下派工作队每月召开一次第一书记会议,市县两级第一书记就工作进度和面临困难进行交流,共同商讨解决办法。

其二,选派第一书记。第一书记主要从市、县(市、区)党委、政府、人大、政协、人民团体、直属事业单位、高等院校、国有企业和省属经济有关单位中的优秀并有副科级职务的年轻干部中选派。派出单位同时选派1名机关干部作为工作组成员,与第一书记共同做好驻村工作。没有适合党支部书记人选的村,第一书记可兼任村党支部书记。

其三,设置乡镇驻村工作队。县(市、区)从第一书记和工作组成员中择优确定乡镇(街道)下派工作队队长,挂职任乡镇(街道)党(工)委副书记,统筹做好本乡镇(街道)第一书记工作。即由"干部工作团"第一书记"乡镇驻村工作队"三个子系统作为核心专门机构,以市驻村联户工作领导小组牵头负责,构成第一书记驻村工作为中心的抓党建促脱贫组织体系。

（3）考核、评估体系。设定与党委、政府、人大、社会四个体系渠道相贯通和同构的四管齐下又相互封闭的考核、评估、监管工作子系统。

考核采取日常督导检查和年度集中考核方式进行。日常督导检查主要采取市委常委、副市长带队专题督导检查，人大代表、政协委员专项视察检查，组织部门、下派干部工作机构专项检查，群众代表监督评议检查等方式进行，日常督导检查按一定分值计入考核总成绩。

年度集中考核采取围绕抓党建促脱贫工作，全方位、立体化开展，即县（市、区）考核、市直部门单位考核、机关干部考核、第一书记和工作组成员考核，考核的均是以第一书记为抓手的各层做实抓党建促脱贫的闭环系统。具体方式有述职、评议、个别谈话、实地调查、群众满意度等情况。

可以说，横向、纵向的网状式评估、督查工作以及日常化和年度考核相结合的封闭式、系统性和全覆盖的工作机制，使过程控制与目标控制的"第一书记项目"有了落地生根的制度保障。

（4）围绕第一书记整合资源形成专门工作保障渠道。

第一，实施"第一书记项目"服务保障体系。一是实行分级分层。第一书记及工作组成员到岗前培训，明确任务、熟悉政策、掌握方法。二是第一书记专项帮扶资金。市、县（市、区）财政部门整合专项资金，支持第一书记每年每村10万元，县派第一书记每年每村5万元，另加每年每村1万元的第一书记工作经费。三是派出第一书记党组（党委）每季度至少听取一次第一书记工作汇报，每半年至少到村调研一次，分管第一书记的领导班子成员至少每季度到村调研一次。这些制度安排都将为第一书记开展工作提供支持。

第二，推行"第一书记项目"制度。针对长期以来行业扶贫体制纵向封闭、缺乏乡村整合平台的碎片化问题，济宁市出台政策：市、县（市、区）涉农部门单位每年都对本部门掌握的项目资金、政策资源进行整合，重点向第一书记村倾斜。列出涉农政策项目清单，开辟快速办理通道，优先用于第一书记村。申报第一书记项目，按照第一书记代办，村"两委"、乡镇（街道）审核把关，下派干部管理机构备案，有关职能部门审批的方式办理，做到人、财、物的组织体系化平台运作。

第三，整合和建立社会公益资源村级接纳平台。通过第一书记渠道，将城镇机关、企业、社会的微公益组织资源整合入村，做实公益的精准机制。例如泗水县微公益协会通过村第一书记渠道进村入户，整合利用社会各界的力量，组织开展多次扶贫济困、捐资助学、爱心帮扶活动。

2. 工作内容

济宁市对驻村第一书记和工作组成员的职责任务规定有六个方面。

第一，搞好调查研究。重点开展"五必访五必问"，即访党员干部、村民代表、致富能手、贫困户、信访人，问班子运行、村情民意、发展路子、群众疾苦、矛盾纠纷，找准并抓住包驻村突出问题及原因。调查研究时间一般要求2个月。

第二，制定工作规划。围绕农村服务型党组织建设要求和扶贫开发任务，在尊重村民意愿的基础上，制定两年帮扶工作规划和年度任务目标，提交村"两委"会议、党员大会和村代表会议讨论通过，经派驻乡镇党委和派出单位党委审核同意，作出公开承诺，抓好组织实施。

第三，承接政策落地。加强市直行业扶贫单位沟通联系，立足本村实际，搞好需求对接，有针对性地把行业扶贫政策落实到村。

第四，蹚出增收路子。指导包驻村编制特色产业发展规划，积极培育农村合作组织。通过两年努力，使每个村有1—2个特色产业，每个有条件的贫困户掌握1—2项实用技术，逐步实现村集体有持续稳定的经营性收入。

第五，建设过硬支部。把强班子带队伍贯穿全过程，在带领村干部办实事的过程中，增强村班子的凝聚力和号召力，没有合适人选的村，第一书记可兼任村党支部书记，不断改善党员队伍结构，以先好人、后能人的理念培养村干部和新党员。

第六，提升治理水平。落实依规管党治党要求，指导建立民主决策、村务党务财务公开、党组织和党员开展活动的具体制度。

山东省泗水县委组织部驻高峪镇尹家楼村第一书记张雨在村"两委"工作的规范化、制度化、科学化建设方面作了有益的探索，并总结出一系列行之有效的工作经验。一是注重村级班子思想政治引领的本土化。着力落实基层组织活动日，打造儒学讲堂，致力于公序良俗的制度化重建。二是提升村级班子整体领导和治理水平。从"基层治理技巧、处理班子内部矛盾、温情关怀制度化建设和加强治理实践"四个方面入手，不断提升村级班子的领导能力。三是加强村级班子民主集中制建设。既带头维护村级班子民主决策的权威性，又引导村级班子成员进行理性思考，避免基层民主政治建设偏离正确方向和陷入无序化弊端。四是指导村级班子践行群众路线。努力改进村级班子工作作风，提升为民服务的质量与效率。五是加强勤政廉政和创新能力建设。在党员群众眼里树立起村级班子"勤政爱民、廉洁自律、勇于创新"的良好形象。在第一书记的带领下，尹家楼村"两委"班子形成了"重团结、讲奉献、敢担当"的精神状态和创业氛围，为农村各项事业发展提供了坚强的领导核心。

3. 效果呈现

济宁市从组织保障、工作条件保障、工作全过程要求及评估的完整性上构建第一书记抓党建促脱贫的制度创新，由于问题意识凸显、针对性强，在实践中取得了扎实效果，主要表现在：

其一，中央扶贫和社会保障政策在强有力的村级党的基层组织运转平台上实施，使公平正义取向与扶贫拯弱目标相结合，以村庄农户广泛知情、参与、共识为基础，使精准扶贫的阶段目标与可持续减贫的社会基础建构得到有机结合。

其二，"第一书记项目"以调查研究和村庄发展规划为基石，通过行业和专业渠道，整合各项适合本村需求的制度资源，并以集体经济的重建为抓手问题，从源头上破解了党和政府惠农政策、扶贫资源在"最后一公里"难落地的体制问题。实践证明，过去上有政策、贫困户用不上政策的村治弱质问题，或者第一书记任驻村工作，却缺乏村庄集体经济为公共参与平台的抓手的问题，在这些资源落地后，得到了有效解决。

其三，将贫困村党的基层组织建设和年轻党员培养纳入减贫发展过程中的第一书记在村工作，使长期以来村庄治理"无人""无事"的原子化、空心化状况得到改善，使破解城乡壁垒、融合城乡社会、以村治为根基的人的成长，得到来自全社会正能量的滋养和有意识培养，不但第一书记在此过程中得到快速成长，而且村干部和年轻党员也得到培养,"人"的问题在此实践过程中得到真正缓解,成为农村可持续发展的奠基之作。

济宁市第一书记在农村减贫发展中的全覆盖案例,值得从体制上进行深入思考。

附:案例资料主要来源

[1]《中共济宁市委关于健全完善干部驻村联户工作长效机制的意见》(济发〔2015〕8号,2015年3月28日)

[2]《市委办公室市政府办公室关于印发〈济宁市精准扶贫工作督查问责办法〉的通知》(济办发〔2015〕50号·2015年12月3日)

[3]《中共济宁市委济宁市人民政府关于贯彻落实中央和省扶贫开发工作部署实施六大脱贫攻坚行动的通知》(济发〔2016〕2号·2016年1月3日)

[4]《济宁市委办公室市政府办公室关于印发〈济宁市干部驻村联户工作考核问责办法(试行)〉的通知》(济办发〔2016〕6号·2016年3月10日)

[5]《中共济宁市委组织部关于印发〈济宁市第一书记管理办法〉的通知》(济组通字〔2016〕12号·2016年4月23日)

[6]济宁市扶贫开发领导小组文件:《关于印发〈全市脱贫攻坚专项实施方案〉的通知》(济扶贫组发〔2016〕2号·2016年5月3日)

[7]《济宁市委办公室市政府办公室印发〈关于选派市直单位优秀年轻干部担任第一书记驻村培养锻炼的意见〉的通知》(济办发〔2017〕3号·2017年3月9日)

[8]《第一书记的故事》编写组编:《第一书记的故事》,党建读物出版社2017年版

[9]中共济宁市组织部:《从群众中来到群众中去——济宁市干部驻村联户工

作开展的探索与实践》(2017年12月)

［10］嘉祥县下派办:《嘉祥县2016年第一书记工作总结及2017年工作打算》

［11］济宁市扶贫办政策法规科,赵洪嵩、王鑫:《汶上县强化基层党建推进脱贫攻坚》

第二章

贫困村集体经济发展的实践探索与理论创新

一、实践背景

打赢脱贫攻坚战，是全面建成小康社会的标志性指标和底线目标。贫困村是贫困治理的基本单元，实现所有贫困村高质量脱贫出列是打赢打好脱贫攻坚战的题中之义。新时期，围绕着践行精准扶贫、精准脱贫基本方略，国家减贫治理的政策体系也作出相应调整，其中针对贫困村的精准扶贫、精准脱贫建立了更为细致的操作化指标，具体来说，贫困村识别按照"一高一低一无"的标准进行，即贫困发生率高于全省平均水平一倍以上，村民人均纯收入低于全省平均水平的60%，行政村无集体经济收入。与此相应，在贫困村脱贫出列评估中亦要求贫困发生率下降到3%以下，农村居民人均可支配收入达到当年全省平均水平的60%以上，集体经济收入达到一定标准（如年收入超过3万元或5万元）。新时期贫困村识别标准的变化，不仅体现了对贫困村补齐基础设施、基本公共服务、基本产业的要求，更着眼于基层治理体系和治理能力的改善和提升，从而真正做到内生动力成长，实现稳定脱贫的目标。

据农业部经管司2015年的一项统计，2014年全部统计的58.4万个村中，无经营收益的村达32.3万个，比2013年增长1.1%，占总村数的比重为55.3%，比2013年提高0.8个百分点；经营收益在5万元以下的村（不含无经营收益的村）12.7万个，比2013年降低7.3%，占总村数比重为21.7%，比2013年降低1.6个百分点；经营收益在5万元以上的村13.4万个，比2013年增长3.0%，占总村数的23.0%，比2013年提高0.7个百分点。这就意味着有接近77%的村集体经济无收入或集体经济收入少于5万元。目前，尚没有见到关于新时期12.8万个贫困村村级集体经济的权威公开数据，但据相关调查，有接近八成的贫困村属于集体经济空壳村，而在有集体经济收入的村里面，又有接近半数年集体经济收入不足5万元。此外，一些村由于前期盲目上马发展项目，或超能力发展村级基础设施和公共服务，导致村级集体经济负债率较高。

农村集体经济是农村经济的重要组成部分，是社会主义公有制经济在农村的重要体现。扶持村级集体经济发展，壮大村级集体经济实力，是新时期新阶段对农村"统分结合、双层经营"基本经济制度的完善，是推进农业适度规模经营、优化配置农业生产要素、实现农民共同富裕、提高农村公共服务能力、完善农村社会治理的重要举措，也是挖掘农村市场消费需求潜力、培育农村经济新增长点的重要手段，对于统筹城乡发展、促进社会和谐、巩固执政基础和全面建成小康社会具有重大意义。值得注意的是，对于贫困村而言，发展集体经济除了具备上述几方面的意义之外，还具有特殊的重要性，体现在如下几个方面。

（一）壮大贫困村集体经济是保证贫困村脱贫质量的关键因素之一

打赢脱贫攻坚战、实现稳定脱贫是中国共产党对全国人民的庄严承诺。从贫困村稳定脱贫来讲，发展好集体经济是重要的方式和保障。

首先，贫困村集体经济能够对建档立卡贫困人口起到直接的带动作用，如一些村通过发展村办集体经济组织，吸纳建档立卡贫困户就业，或带动其发展产业项目，助力贫困户稳定脱贫。其次，贫困村集体经济的再分配功能，能够为村里一些易返贫群体提供支撑，加强脆弱群体的支持网络和保障体系。最后，在政策下乡和资本下乡构成乡村发展主要推力的背景下，贫困村集体经济的发展有利于增强村级组织的凝聚力和战斗力，促使其更好地团结村民争取外在发展机遇，维护良好发展势头，实现内生动力不断提升，稳定实现脱贫，为乡村振兴打下基础。

（二）壮大贫困村集体经济是改善贫困村治理体系和提升治理能力的关键

在社会主义市场经济的浪潮中，在城乡构造急剧变动的时代背景下，乡村出现了"多重问题"并存的衰败现象，表现为乡村社会的涣散无序、道德滑坡，乡村社区的分裂、冲突，以及乡村党基层组织战斗力、凝聚力的下降。从具体问题来看，固然有各自的成因，但最为根本的原因在于整个村级治理体系难以提供一套稳定的秩序以规范村民的行为，实现社区的凝聚与和谐。社区是公共生活的基本单元，社区的公共资源决定了公共物品供给的能力和社区的福利水平，公共资源的经营、管理、使用和分配也是扩大社区参与的过程。围绕着公共资源的经营、管理、使用和分配，需要建立各类社区社会组织，形成相对完善的治理架构。就此而言，围绕着贫困村集体经济发展，不仅有助于直接改善社区的公共物品供给能力，同时能够推动社区治理体系的优化。此外，还应看到，社区中集体资源的分配和使用，往往与社区秩序、社区和谐、社区文化等议题直接相关，合理分配和使用农村集体经济收入，能够在涵养乡风民风、弘扬积极文化、引导村民合作、促进社区和谐方面发挥作用。

（三）壮大贫困村集体经济为夯实党在农村的执政基础提供有力支撑

党的领导是办好农村事务的关键，但不少贫困村村级党组织软弱涣散、凝聚力不强，甚至干群之间矛盾冲突较为突出，直接影响到村各项工作的运行，在分裂与内耗中，错失各种发展机遇，由此亦影响群众对党的领导和国家政策的认同，不利于巩固执政基础。农村基层党组织建设固然是一项需常抓不懈的重大任务，是涉及阵地建设、制度建设、干部队伍建设等多项工作内容的系统工程，建好农村集体经济无疑是基层党建的重要抓手。有了集体经济，就能够做到群众身边事有人管、有人问，能够团结和带领群众发展生产、改善生活，为老百姓办事就有了财力上的保障。

二、主要做法

山东是经济大省、人口大省，同时也是农业大省。两千多年前，齐鲁大地的先贤便绘就了中华农耕文明的底色，滋养着华夏儿女的精神世界。20世纪30年代，梁漱溟先生等在邹平开展乡村建设实验，为中国社会转型探索道路。可以说，从胶东半岛到鲁西南地区，山东农业的多样性在中国农村发展与转型中具有很强的代表性，理解了山东的农村，也就读懂了中国的农村。发展贫困村集体经济是脱贫攻坚的重点和难点之一。从地理分布看，多数贫困村地处远离政治和经济中心的连片特困地区，发展村集体经济面临着资源有限、基础薄弱等多重制约因素，同时这些地区既没有沿海地区外向型经济的带动，也没有城乡接合部土地增值、租赁经济的优势，集体经济从哪里来？山东给出了答案。

（一）党委领导、政府主导，构建促进贫困村集体经济发展的政策体系

山东省各级党委、各级政府高度重视发展和壮大贫困村集体经济工作，将其视为关乎加强党对农村工作的领导、巩固党在农村执政之基的重大政治战略，视为关乎促进贫困村社区凝聚力提升、内生发展动力成长，以及为乡村振兴夯实基础的发展战略，视为完善贫困村村级基层治理体系和提升治理能力的重要一环，作为新时代脱贫攻坚战略和乡村振兴战略的重要板块，统筹布局、有力推进。山东省委书记刘家义同志多次就发展集体经济发表重要讲话、作出指示批示，省委、省政府主要领导亲自过问、倾力推进。刘家义书记强调，各级党组织要把抓党建促集体经济发展作为衡量"四个意识"的关键指标，要坚持稳妥有序，分类推进资源性、经营性、非经营性资产改革，尊重农民意愿，鼓励基层创新创造，切实增强农民群众的获得感。各级党委、政府和有关部门要强化组织领导，党委书记特别是县、乡党委书记要亲自挂帅，各有关部门要主动靠前，切实履行职责，精心组织，确保改革成果经得起历史检验。2018年初，刘家义书记在《人民日报》上刊发题为《全力推进乡村振兴》的文章，再次强调"实施村级集体经济发展计划，2020年消除集体经济空壳村"。围绕着抓党建促集体经济发展工作，省委、省政府组织多次调研，多次召开专项工作推进会，特别是结合农村集体产权制度改革工作，全力推进农村集体经济发展。

1. 组织领导

山东省各级政府高度重视发展集体经济工作，将其作为脱贫攻坚

的有力抓手，纳入整个经济发展规划之中。省委书记、省长亲自过问、亲自主抓，建立抓党建促农村集体经济发展的工作专班，成立民政、国土资源、农业等多部门共同参与的农村集体产权制度改革工作领导小组，有序推进该项工作开展。整体而言，山东省在发展贫困村集体经济的过程中，体现出党委政府高度重视、系统全面地搞好顶层设计和统筹协调，鼓励各县结合自身实际分类推进探索地方模式。各县在组织领导方面，建立了县、乡、村三级联动，共同推进集体经济发展的组织领导体系，形成了分工明晰的责任体系，制定了相关激励制度。调研各县都成立以县、乡镇党委书记为组长的领导机构，下设领导小组办公室，负责集体经济的组织协调与监督考核工作。村一级层面，建立村级集体经济发展责任制，层层签订责任书，明确责任和奖惩措施。为了把工作真正落实，一些市县实行了镇科级领导干部联系薄弱村、机关干部包村责任制，村干部"具体责任人"等制度，同时把乡镇包村干部发展村级集体经济情况纳入工作实绩考核内容，并作为选拔任用干部的重要依据。通过上述举措，山东省在发展贫困村集体经济方面，形成了省委省政府统筹协调、各市县具体落实的体制机制。

2. 基本思路

山东省坚持把发展壮大贫困村集体经济与发展现代农业、推进农业产业化、精准扶贫工作有效结合起来，积极探索集体经济多元实现形式。一是以党建为基础，发挥村级党组织带动作用。山东省注重提高村级党组织的组织动力与组织活力，借助第一书记扶贫等扶贫方式，提高基层党组织与村委会的发展能力，增强村级组织发展集体经济的内在动力和造血功能。二是坚持因地制宜的发展原则。山东省发展集体经济注重从各村经济基础、区位优势、资源条件等实际情况出发，因村制宜，一村一品，面向市场，选准产业、项目和载体，保证集体经济发展的适用性和可持续性。三是有效整合利用各种资源，提高资源使用效率。山东省有效开发利用各类资源，充分发挥山水林地等自然资源优势，挖掘增收潜力，把资源优势转化为经济优势。支持村级集体经济组织创办农业生产经营服务公司、劳务公司等服务实体，发展农业生产服务业，探索混合经营。通过各种途径争取到村资金，进行集中投入，积极引导和鼓励社会力量参与村级集体经济发展，形成村级为主体、市场为导向的发展模式。四是加强管理工作，确保集体经济运行的公平公正。山东省在发展集体经济过程中，坚持规范经营，严格执行民主决策、民主管理、民主监督的各项规定，通过搭建各种民主管理平台，加强村级集体资产、资金、资源管理，做到保值增收。

3. 政策支持体系

贫困村发展村集体经济面临的困难多，仅仅依靠自身力量难以实现目标。山东省各级政府对发展集体经济推出了一揽子政策支持。

首先，投融资政策和税收优惠。各地加大政府财政支持力度，统筹安排农业供给侧改革资金、现代农业生产发展资金、农田水利设施建设补助资金、农业科技推广与服务补助资金等扶持农业生产类资金，支持村级集体经济发展。加大金融支持与税收优惠，积极争取商业银行配合，设立发展壮大村级集体经济专项信贷资金，对符合贷款条件的村集体经济项目提供信贷支持。比如济宁市汶上县对涉及村级集体经济的县级各类行政事业收费，全部实施先征后返。村集体企业或者招商引资企业实现的税收，对地方留成部分按照一定的比例进行奖补。对采用"公司+农户"的经营模式，从事农、林、牧、渔业项目生产的企业，可享受减免企业所得税优惠。

其次，财政奖补制度，激励先进、带动后进。完善考核机制，树立集体经济发展的榜样标杆，提高基层发展集体经济的积极性。一些基层政府部门会每年评选一批发展壮大集体经济示范村，集中进行表彰奖励，建立村干部促进集体增收劳动补偿制度，将村级集体增收情况与村干部待遇相挂钩，适当从集体收入中拿出部分资金激励村干部。还有一些市县会把发展村级集体经济作为村级综合工作年终考核重点工作，采取"一票肯定"和"一票否决"制，对集体经济体量大或增幅较快的村，直接定为一类村，对集体经济空壳村和收入1万元以下的村，直接确定为三类以下的村。比如，济宁市汶上县对工作得力、增收明显的乡镇街道实行"一票肯定"，年度基层党建考核直接确定为好等次。各乡镇（街道）要按照10%的比例，分别确定集体经济增量大和增幅大的村，年度考核直接定为一类村。从2017年起，连续两年县财政每年安排专项资金300万元对各乡镇进行奖励。对于以资产资源承包、租赁获得的集体收入，每年可提取收入总额的5%—10%，用于发放村干部劳动补偿；对于依靠村干部投入技术、管理等要素获得经营性、服务性集体收入，每年可提取收入总额的15%—30%，用于发放村干部劳动补偿。劳动补偿每村最高不得超过5万元，具体提取比例及村"两委"内部分配方案，由各乡镇研究决定，并报县委组织部备案。

最后，联结各类资源，提供智力支持。选聘熟悉农村政策、掌握农业技术、了解市场需求、善于管理经营的专家学者和知名人士，组建扶持发展壮大村级集体经济专家顾问团，提供专家咨询、技术指导、业务培训、信息推介等服务。

（二）整合资源，奠定村级集体经济发展的资本

新时代如何壮大农村集体经济？山东省给出了答案，即立足农村发展与转型实际，向农业产业化、农村工业化、农业信息化、新型城镇化要集体经济，向乡村沉睡资源要集体经济。这种解答具有一定的普遍性，对于其他地区有借鉴意义。

1. 向农业产业化要集体经济

农业产业化是农业转型的必由之路，山东省结合农地"三权"分置改革的政策利好，通过土地流转，实现规模化、产业化经营，很好地解决了"小农经济"分散经营的效率困境。在此过程中，通过土地、厂房等资产入股，对长期低价发包的集体资产，运用市场化手段重新发包，增加集体收入。比如，山东青岛即墨、莱西、西海岸，菏泽定陶，德州乐陵、临邑，临沂沂水、平邑，济宁汶上、泗水、曲阜等地，鼓励村集体经济组织兴办土地合作社，集中流转村民土地，以部分土地入股龙头企业，不仅农民可以获得土地流转收益、享有定期分红，村集体也从中获得一定收入。一些地区还探索发展村属企业，大力发展股份制经济，带动集体经济发展。此外，一些具备条件的贫困村，依托特色资源，发展旅游产业，推动三产融合，在此过程中，促进集体经济不断发展壮大。

2. 向农业信息化要集体经济

"互联网+"为农村经济发展带来了新一轮的机遇，特别是"电商下乡"不仅拓展了贫困地区农产品的市场空间，也提供了众多的就业机会。山东省注重依托互联网这一载体，助力乡村集体经济的发展。比如菏泽市曹县是闻名遐迩的"淘宝县"，大集镇以演出服饰专业淘宝镇著称，在推动电商发展过程中，政府积极建设各类基础设施，同时

电商发展也为曹县贫困村集体经济壮大带来了机遇。随着当地电商企业发展、外来物流企业和配套企业入驻，对厂房租赁、劳务中介服务、技能服务的需求激增。曹县从这些需求入手，通过发展租赁经济、服务经济的形式，为集体经济发展探索出新路子。

3. 向农村工业化要集体经济

新时期，随着中国发展模式的深度转型，乡村地区出现了"再工业化"的趋势。一方面沿海地区向中西部欠发达地区梯度转移，另一方面乡村地区第二产业快速成长。山东省利用乡村"再工业化"契机，发展厂房租赁经济的形式，为壮大集体经济寻找思路。以菏泽市鄄城县为例，鄄城"扶贫车间"已实现行政村全覆盖，贫困村利用财政扶贫资金作为"种子资金"，兴建"扶贫车间"，租赁给"扶贫车间企业"，获得租金收入充实到集体经济。同时"扶贫车间企业"上缴税收的乡镇留存，返还给村集体，加上"扶贫车间"的顶棚覆盖上光伏板，发电收益归村集体所有，实现了贫困村集体经济快速成长壮大。

4. 向新型城镇化要集体经济

随着农业产业化、乡村再工业化和农村信息化的发展，人口流动的趋势发生了变动，越来越多的外出务工人员选择就近就地就业，部分贫困地区新型城镇化获得了成长空间，特别是在中心城区周边和小城镇。在易地移民搬迁社区、村改居社区，留存一定比例的集体土地，兴建厂房，供租赁或发展经营实体，是拓展集体经济实现形式的又一重要方式。特别是中心城区和小城镇经济发展迅速的区域尤其如此。以济宁市汶上县为例，通过加快村改居社区建设，尽快实现旧村回迁，增加耕地面积，进行集中开发利用，增加集体收入。依托社区集中居住优势，按照"统筹规划建设，完善配套设施"的要求，由村集体投资兴建农贸市场、惠民超市、经营用房，开展物业服务等，通过自主经营、发包经营、联合经营等形式，发展物业经济，增加集体收入。还有一些经济活跃、具有区位优势的村，通过主动对接产业链条、创办集体公司，汲取产业红利，增加集体收入。

5. 向乡村沉睡资源要集体经济

农村集体的资金、资产和资源，是村级集体经济的重要依托，清理农村"三资"、挖掘乡村沉睡资源，是稳步推进集体经济发展的重要手段。在一些乡村，"三资"长期被挤占、独占和挪用，不仅集体资产大量流失，也在群众中产生很坏的影响。通过清理农村"三资"可以为集体经济发展积蓄能量，有助于化解村内矛盾，增加基层组织公信力和凝聚力。同时，乡村地区普遍存在一些"沉睡资源"，如房前屋后的"边角地"、荒山、荒坡、荒地、荒滩、堰塘、废弃的厂房、礼堂、校舍等，通过整理这些资源，能够厚植村集体资源。有了这些资源，借助市场化运作的方式，以村级集体经济组织为经营主体，发展各类生产、经营、服务项目，就能够为集体经济找到源头活水。以德州为例，德州深入实施"村庄沉睡资源利用"工程，通过整体规划、多方投入、系统整合、规范利用、科学管理、合理分配，达到产业发展、集体壮大、群众增收、村庄美化、基层组织强健等多赢目标。全市经过"挖潜"，累计盘活各类沉睡资源7.68万亩，其中已启动"村庄沉睡资源利用"的村784个，投入各类资金6389万元，整合沉睡土地16777亩，年可产生效益1120万元。

（三）立足实际，构建农村集体经济管理机制

有了村集体经济，并不意味着乡村治理水平一定得到提升，一些村集体经济有了快速成长，但缺乏有效管理，资金使用不透明不规范，在干群之间、群众之间引起了新的矛盾。因此,不仅要壮大集体经济,更要管好、用好集体经济。山东省不仅重视解决"农村集体经济从哪里来"的问题,而且强调"要科学管理,让集体经济作为乡村善治之基",通过管好用好集体经济,实现农村基层治理体系完善。

1. 集体经济收入的开支范围

(1)贫困人口稳定脱贫。山东省通过发展集体经济,为贫困村民提供就业机会,改善了贫困人口的生活状况。一方面,集体经济的发展为贫困人口提供了就业机会与工作平台,比如"扶贫车间""特色产业合作社"等发展模式,既解决了贫困人口的就业问题,又协调了贫困人口工作与家庭照顾的关系。另一方面,山东省强调对集体经济所取得的收入进行合理分配,凡属于扶贫资金注入取得的集体经济收入,主要用于扩大贫困人口的收入来源,实现贫困人口稳定脱贫。比如,临沂市将财政专项扶贫资金的80%以上用于贫困村集体经济的发展,主要通过设立扶贫产业项目基地,壮大集体经济,集体经济收益的70%以上用于帮扶建档立卡贫困户。2015—2017年全市共实施产业项目3174个,覆盖贫困群众16.5万户32.6万人,占全市贫困人口总数的74%,帮助贫困人口人均增收1029元。2016—2017年,第一书记争取帮扶资金5.47亿元,新上集体增收项目914个,实现新增集体经营收入5088万元,村人均增收6.4万元。临沂市莒南县相沟镇沈保社区将闲置多年的村委大院盘活成"富民大院",引进黄粉虫养殖、手工编柳和扶贫车间项目,每年可增加村集体收入2万元以上,帮助贫困群众人均增收1000元以上。

(2)村落公共产品供给。山东省村级集体经济壮大后,除去发放贫困人口的补贴之外,村党总支会把集体经济收益用到发展社会事业和改善民生之上。比如，济宁市高新区刘家村以党建为统领，大力发展集体经济，着力打造美丽乡村，实现由政府投入美丽乡村"输血"向集体经济反哺美丽乡村"造血"的转变。刘家村全村1180亩土地全部完成流转，成立益农合作社，建设560亩葡萄采摘园，销售收入1000余万元，人均年分红2000元，提供就业岗位300余个。以120亩土地入股酒店、旅游公司，年集体收入24万元。盘活固定资产，将6700平方米厂房和3000余平方米营业房对外租赁，年收入40余万元。刘家村利用集体经济的收入，全面完成旧村改造，累计投资600余万元完善道路硬化、广场绿化、社区服务中心等基础设施的配套建设，完善了医疗、养老、校车、助学、济困等社会保障体系，村民幸福指数显著提升，为全面建成小康社会奠定基础。

（3）移风易俗乡风文明。山东省把开展移风易俗、整治陈规陋习作为减轻群众负担的民心工程，积极推行喜事新办、厚养薄葬、丧事简办，倡树文明新风，大力解决因婚丧嫁娶致贫返贫问题。比如，济宁市贫困村集体经济发展之后，会拿出一部分资金设立孝心基金，开发公益类养老扶贫岗位，提高孝老爱亲的文化氛围。同时通过成立红白理事会，制定红白事规范流程、标准要求，广泛开展"不要彩礼的好媳妇""孝亲敬老先进典型"评选表彰活动，引导贫困群众自觉抵制追求高价彩礼等陋习，通过开展移风易俗，确保攀比之风治下来、困难群众负担减下来、新风正气树起来。

2. 集体经济收入的使用规范

（1）村财乡管、"四议两公开"。山东省村级集体经济收入实行"双代管"制度，即乡镇经管站代管村的账目和资金，完善农村财务管理，增加了村集体积累，减少了不合理开支。山东省出台了《山东省扶持村级集体经济发展试点资金管理办法》《山东省村集体经济组织财务公开制度》，各村将现金存款、债权债务，自清自查后交镇经管站审查验收，达到账实、账款、账账、账据、账表五相符后，交镇经管站统一管理。乡镇财政将上级奖补资金和本级预算安排资金一并纳入专账核算，专款专用，按行政村建立台账，明确到各村保障资金数额，确保资金用于扶持村级集体经济，防止挤占和挪用。集体经济收入的运营、使用和分配，按照党支部提议、村"两委"会商议、党员大会审议、村民代表会议或村民会议决议的"四议"原则和决议公开、实施结果公开的"两公开"原则进行，建立健全"三资"管理制度，规范"三资"经营管理审批程序，切实发挥村级"三资"最大效益。

山东省村集体经济组织的所有财务活动都实行公开，公开的内容全面、详细、真实、可靠。现金及银行存款按出纳账公开，每月的财务收支要逐笔公开，征地补偿费、债权债务、救灾救济款、干部报酬、固定资产等重要财务事项以及多数群众或民主理财小组要求公开的经济事项，及时进行专题明细公开。比如，济宁市白石镇合理利用集体土地流转承包收入所得，对体弱多病、丧失劳动能力者，村集体会按照"四议两公开"程序决议，由村集体用项目区内集体发包土地进行兜底补贴，保证其成功实现稳定脱贫，保证扶贫工作做到全覆盖、无缝隙。

（2）扶贫理事会。为更好地开展精准扶贫工作，保证集体资产的顺利使用，山东省诸多贫困村都成立了扶贫理事会。扶贫理事会作为一个协调监督组织，属于村民自治组织，由老党员、村"两委"干部、村民代表、贫困户代表5—7人组成，经全体党员、村民代表、贫困户代表差额选举产生，主要参与集体资产的使用、经营、管理、收益、分配和处置等工作。比如山东省临沂市探索建立"一载体两分离"精准扶贫机制，确保资金资产安全，收益长效稳定。"一载体"即村村成立扶贫理事会，"两分离"即村级精准扶贫资金的承接主体与经营主体分离，经营性资产的所有权与受益权分离。明确扶贫资金形成的扶贫资产归村集体所有，村集体发包给有经营能力的公司、合作社、大户经营，将获取的收益精准公平地分配到贫困户，扶贫资金由农业部门纳入农村"三资"平台监管，实现所有权、经营权、受益权、监管权"四权分置"，确保了扶贫资产保值增值、集体资产不断壮大、贫困户有长期稳定收入、乡村能人有了更广阔的发展空间。

目前，临沂市共建立村级扶贫理事会4836个，积极引导村民自我管理、自我服务、自我教育、自我监督，实现了贫困村全覆盖。理事会按照《村精准扶贫理事会章程》的规定，协助村"两委"搞好扶贫政策的宣传落实，向村"两委"提出合理化的扶贫意见和建议，负责监督本村贫困户的精准识别、退出，参与扶贫资金、项目、资源的实施与验收，为贫困户在帮扶措施对接、脱贫过程跟踪、合法权益保障等方面提供服务。将扶贫项目与建档立卡的贫困户进行精准对接，形成精准扶贫经营性资产，并全程参与、监督资产经营管理，精确分配资产收益，确保资产经营和资金分配精准、规范和合理。

（3）党领导下的社区协商。山东省在发展集体经济过程之中，积极探索了党领导下的社区协商制度，进一步扩大了群众的知情权、参与权、建议权和监督权，增强了群众参与村级事务管理的积极性，真正做到了群众的事情群众说了算。涉及集体经济的相关事项，由村党组织、村民委员会组织开展协商，取得一致意见形成协商成果后组织实施。涉及利用集体经济收益开展社区公共事务、公益事业的事项，由社区党组织和社区村民委员会牵头组织开展多元主体参与的社区协商，形成一致意见，共同办理。社区党组织、社区村民委员会提出协商议题，确定参与协商的各类主体，提前通报协商内容和相关信息，组织开展协商，形成协商意见，组织实施协商成果，向协商主体、利益相关方和居民反馈落实情况，促进集体经济的有效发展。

三、主要经验

从各地脱贫攻坚实践来看，水电路网、保教养医等基础设施和基本公共服务短板快速补齐，在政策推动和资本助力下，各村主导产业亦具备了一定基础，但集体经济发展水平参差不齐，表现为重视程度不够、发展思路较为单一，成效不高。山东省的实践表明，贫困地区发展村级集体经济只要找对方法，依然能够取得好成绩，同时管理和使用好集体经济对于稳定脱贫、乡村振兴、巩固党的执政之基具有积极意义。

（一）提高认识：壮大集体经济，提升基层治理能力

发展和壮大农村集体经济，是关乎加强党对农村工作的领导，巩固党在农村执政之基的重大政治战略，是关乎促进农村社区团结、内生发展动力成长，以及为乡村振兴夯实基础的发展战略。要将壮大集体经济作为完善农村基层治理体系和提升治理能力的重要一环，作为新时代乡村振兴战略的重要板块，统筹布局、有力推进。

（二）守好底线：壮大集体经济，但不增加农民负担

发展和壮大农村集体经济，要以带动农民增收、增进农民利益为根本，不能在此过程中违背农民意愿，损害农民利益，增加农民负担，这是底线。山东省在发展农村集体经济过程中，严禁指标摊派，严禁

向农民伸手，一切以增加农民收益、提升农业产业活力、增强基层凝聚力为目标。

（三）找准路径：政府做好引导，关键还在市场机制

发展集体经济，政府要做好扶持和引导，但不是由政府来包办一切，农村集体经济可持续性发展的关键在于善用市场机制。山东省发展农村集体经济，政府做好支持（如谋划思路、提供种子资金），激活关键主体动能（如鼓励村党支部领办集体经济，集体经济发展好的村"一票肯定"，反之"一票否定"；再如设置一定比例奖励基金，激励村干部带动集体经济发展），但依靠的还是市场机制，让市场主体（扶贫车间企业、农业合作社、龙头企业、电商企业）来负责运营，尊重市场经济规律，不搞行政指令。

（四）拓宽思路：立足农业转型，探索多元实现形式

农村发展集体经济，要坚持因地制宜，立足自身实际，探索多元实现形式。山东省将农村集体经济发展置于农村发展与转型的背景下，拓展思路，探索多元实现形式。当前，脱贫攻坚、乡村振兴和美丽乡村建设等政策契机以及工商业资本下乡的经济契机，为贫困村壮大集体经济提供了难得的机遇。虽然无法效法沿海地区和快速城镇化地区的模式，贫困村依然可以结合自身资源优势和外部发展环境，探索出壮大村集体经济的有效方式。

（五）科学管理：立足可持续发展，完善集体经济基层管理机制

有了村集体经济，并不意味着乡村治理水平得到提升，一些村集体经济有了快速成长，但缺乏有效管理，使用不透明不规范，在干群之间、群众之间引起了新的矛盾。因此，不仅要壮大集体经济，更要

管好、用好集体经济。山东省不仅重视解决"农村集体经济从哪里来"的问题，而且强调"要科学管理，让集体经济作为乡村善治之基"，通过管好用好集体经济，实现农村基层治理体系完善。

第一，用好集体经济，巩固执政之基。集体经济是提升基层组织服务能力、引领能力、管理能力的有力支撑。在发展集体经济的过程中，注重党员先锋模范作用的发挥，培育"红色领头雁"，增强村基层组织引领发展的能力；在使用集体经济收入的过程中，规范开支程序，促进党组织引领下基层协商、基层民主制度的完善，让集体经济收入成为服务群众的"红色基金"，为巩固党的执政之基发挥重要作用。

第二，用好集体经济，引领产业发展。村级集体经济的属性决定了集体经济的收益要能够促进社区公共利益的实现。一方面，农村集体经济的发展对于村级产业发展产生示范效应；另一方面，村集体经济开支中，保留一些具有探索性、前瞻性的产业示范、技术服务项目，有助于提升农业产业发展的可持续性，助力产业升级换挡。

第三，用好集体经济，促进乡风文明。移风易俗，促进乡风文明，是治理精神贫困、激发内生动能的重要方式，也是乡村振兴的内在要求。借助集体经济，引导乡村德治、善治，是山东经验的又一特色。如汶上县建立了"孝善养老基金"，引导子女为70岁以上老人缴纳不少于每月100元的孝善款，村集体每月发放不少于10斤的"爱心煎饼"给老人。再如青岛、德州、济宁等地，从村集体经济收入中列支一定资金，奖励重教家庭、孝德家庭、自强家庭，弘扬传统美德，引导社会风气向好向善。

第四，用好集体经济，助力稳定脱贫。扶危济困既是中华之传统美德，也是社会主义本质的体现，农村集体经济在助力稳定脱贫方面亦发挥着重要作用。如青岛借助村级集体经济收入，对建档立卡贫困户在医疗、教育等方面提供支持，关爱特殊困难群体，有力保障了贫困户稳定脱贫不返贫。

第五，用好集体经济，完善治理体系。有了集体经济，村民会更加关心村集体事务，增强了社区的凝聚力和向心力。在维护好、使用好集体经济的过程中，基层党组织、村社会组织共同参与，基层民主得到弘扬，乡村治理体系不断完善。山东省在使用集体经济收入方面，严格执行"村财乡管村用"，严格按照"四议两公开"办法规范各类开支，发挥村级扶贫理事会、红白理事会等社会组织作用，尊重群众意愿和主体性，有力促进了基层治理体系完善。

四、需通过深化改革解决的问题

（一）底子薄、收入渠道单一的问题

某些贫困村位于偏远山区，交通不便，自然资源少，村级可管理的资产少，村级集体经济发展空间小。这些贫困村集体经济收入主要依靠集体资产、资源来获取一定的租金、承包金，收入渠道单一，缺少致富项目和加工企业，村内年轻人多外出打工，村内没有发展活力和后劲。某些村级现有固定资产老化，能够盘活的不多，利用率低。有些集体产业不成规模，没有高起点可行性的发展定位与长远规划，发展后劲不足。同时，随着个体经济的不断发展，壮大村级集体经济意识逐渐被部分村民淡忘，部分基层党员、干部和村民对于发展集体经济的意识弱化，集体意识、大局意识淡化，个人意识、自我意识膨胀，观念陈旧，认为当前市场经济条件下就是谁有本事谁致富，只要经济发展了，村民富裕了，有没有集体经济无关紧要。

(二) 管理水平弱、缺少管理人才的问题

在集体经济运营管理方面，某些村集体运行机制不完善，缺乏管理人才，管理水平不高，抵御市场风险能力不强。某些村资产、资源管理责任不明确，管理不到位，集体土地林地等资产长期无人管理，白白浪费。部分村级干部思想观念陈旧，有些村把集体土地发包出去，但由于不懂经营，出现土地"承包期过长，租金过低"等不合理现象，导致集体资产流失。一部分农村干部没有树立治理农村的理念，长期沿用过去的行政管理手段，不懂得如何寻找新的发展对策，过分依赖上级有关政策补助或者只顾眼前利益，缺乏长远考虑，把有限的村集体资源一次性发包几十年，极大地制约了村级集体经济的可持续发展。有的基层干部在实际工作中虽然意识到发展村级集体经济的重要性，也想有所作为，但由于文化程度偏低，缺乏经济管理等方面知识，或者是面对困难时信心不足，存在畏难情绪，影响了村集体组织的决策能力。一些干部日常工作量大、任务重、强度大，哪里需要往哪里搬，时常处在被动应付的状态，根本顾不上指导村级组织发展集体经济，影响了村级集体经济的发展。有的干部怕搞砸了受埋怨，思想顾虑重；有的干部怕搞毁了受连累，背上新债务，思想有压力。造成部分党员群众对发展集体经济丧失信心，挫伤了发展壮大村级集体经济的积极性。

(三) 村之间集体经济发展不平衡的问题

一些城区村，依托良好的区位优势，大力发展二、三产业，村级集体经济率先发展起来。而部分山区贫困村基础设施落后，政策支持力度不够，政府对村级发展集体经济引导不够，缺乏强有力的扶持措施，部分扶持方案门槛高、要求严，直接支持集体经济发展的项目和

资金不多，村级集体经济可持续发展力不强。某些贫困村人均耕地不足，人多地少甚至个别群众长期无法接地耕种的问题一直存在，村内部分集体土地受到某些群众长期侵占，大都未能正常履行合同义务，村集体无法收益，加上每年村级事务产生的债务，逐渐累积成沉重的债务包袱，制约了村级集体经济发展。贫困村集体经济发展的不平衡，使得部分无集体经济收入的村只能靠上级划拨经费来维持运转，同时也助长了"等靠要"思想，不利于精准扶贫工作的开展。

五、市县案例

（一）济宁市汶上县案例

济宁市汶上县把扶持壮大村级集体经济，作为提升贫困村经济发展能力的重要举措，坚持因地制宜、因村施策，实施"破零扶强"工程，构建"党建引领、政策激励、功能融合、强村富民、梯次迈进"的集体经济发展新格局。截至2017年12月，已全面消除集体经济空壳村，全县实现村级集体经济收入5425万元，村均集体收入达到10.96万元。

1. 基本发展思路

济宁市汶上县把发展壮大村级集体经济作为县委书记抓基层党建的突破项目，确定并实施了"三年三步走"战略，即2017年实施"破零扶强"工程，消除集体经济"空壳村"，50%以上的村集体收入达到3万元以上；2018年加快集体经济薄弱村转化，所有村集体收入达到5万元以上，50%以上的村集体收入达到10万元以上；2019年实施村级集体经济"倍增计划"，所有村集体收入达到10万元以上。

为了完成"三年三步走"战略，主要采取如下措施：一是加大财政支持力度。从2017年起，县财政连续两年每年安排资金300万元，对工作突出的镇村给予相应扶持和奖励；安排专项资金200万元，启动实施"百村集体经济示范培育工程"，两年内培育100个集体经济示范村、明星村。二是加大智力支持。组建专家顾问团，全方位提供政策咨询、技术指导、业务培训、信息推介等方面的服务。先后两次举办示范培训班，采取集中培训、实地观摩、外出学习等方式，加强村干部培训。三是抢抓政策机遇。在32个村先行试点农村集体资产清产核资，在8个村开展了全省村级集体经济发展试点，在26个村建成使用村级组织经营性场所，累计争取上级扶持资金400万元，实现村集体增收66万元。四是强化结对帮扶。县委常委带头联系包保集体经济空壳村、薄弱村，镇街干部全员包保，加强指导帮扶。将120名市、县第一书记全部派往集体经济空壳村、薄弱村，帮助发展集体致富项目136个，增加村集体收入280万元。五是完善激励措施。将集体增收情况与村干部补贴待遇挂钩，每年从集体经营收益增量中按照5%—30%不等的比例，提取资金用于奖励村干部。

2. 具体发展路径

济宁市汶上县以提升"造血"能力为着力点，积极探索推广集体经济发展的新路径新办法。

（1）有效盘活集体资产。结合农村集体"三资"清理，摸清资产总量结构，明晰村级集体产权，分类盘活资产经营。支持村集体对闲置或低效使用的办公用房、校舍、厂房、仓库、生产装备设施、集体建设用地等集体财产，通过依法改造、发包租赁、入股联营等方式盘活存量，取得经营收入。对集体现有的小型、微利、亏损企业，鼓励村集体通过租赁、联合、入股等方式进行要素重组，盘活现有经营性资产。如郭仓镇宋村重新签订集体土地承包合同，年增加收入6万元。

（2）合理开发集体资源。对村集体资源承包租赁进行规范，通过自主经营或公开竞标的方式转让、出租集体资源，充分发挥资源效益，增加集体收入。充分利用空闲地发展林业、种植业、养殖业等，提高土地产出率和利用率，增加集体收入。特别是对荒山、荒坑、荒水、荒地、荒滩、荒坡等闲置资源，采取租赁、承包、股份合作、联合开发等方式进行综合利用，变存量为增量，发挥最大经济效益。利用房前屋后、田边路旁的"边角资源"，通过发包种植经济作物，采取村集体统一管理、村户分成等方式，增加集体收入。如汶上县经开区曹堂村整理废旧坑塘和边角闲地，招引企业合作建设乡村旅游度假区项目，年增加收入45万元。

（3）积极拓展服务渠道。支持村集体围绕农村发展和农民生活需求，开展家政、环卫、企业后勤、道路养护、绿化管护等服务，开展金融、保险、广电、通信等代理服务，通过服务生产生活，以有偿、微利的方式增加集体经济收入。大力推进土地流转，发展多种形式的适度规模经营，村集体加强服务和指导，增加集体收入。推广土地托管模式，村集体成立土地托管服务组织，提供劳务服务、农资供应、农产品购销、田间管理等有偿服务，增加集体收入。如义桥镇房柳村将全村1100亩土地集中托管，村集体按照"微利服务"的原则，提供劳务用工、农资供应、田间管理等服务，年增加收入6.3万元。

（4）加快发展物业经济。支持村集体在集中居住区发展商贸设施、菜市场、"三产"经营用房等物业项目，支持有条件的地方依托经济开发区、工业集中区和商贸集中区，按照"统筹规划建设、完善配套设施"的要求，由村集体投资兴建标准厂房、专业市场、仓储物流等物业设施，通过自主经营、发包经营、联合经营等形式，发展物业经济，增加集体收入。如中都街道闫村立足城郊村优势，建设蔬菜农贸市场，年增加收入40万元。

（5）创办经济实体，做大做强特色产业。鼓励村集体在符合土地利用规划、用地政策和城乡建设规划的前提下，围绕当地主导产业和特色产业，建设生产、加工和经营服务设施，通过发包、租赁取得收入。鼓励村集体带头创办领办种植、养殖、农产品加工等产业项目，带头创办领办社会服务组织，把农民有序、合理地组织起来，在市场上形成特色农业产业规模优势，增强集体经济发展实力。以市场需求为导向，积极探索组建公司，提高投融资能力，形成规模化经营管理，做大做强特色产业，提高村集体资产运营效益。支持村集体创办或领办农民合作经济组织、专业合作社、家庭农场等，鼓励以集体"三资"为依托，参股农民合作社，探索建立村社利益连接机制，促进合作经济与集体经济共同发展。如白石镇寨子社区利用毗邻石材园区优势，创办新寨物流、新寨宾馆等集体产业，安置失地农民180人，年增收入115万元。

（6）充分利用投资创收。鼓励村集体充分考虑功能定位、特色优势和交易商品辐射力等因素，合理利用存量土地、拆后空间、低效土地等，对现有的农贸市场(农村小菜场)进行改造提升，合理布局、规范建设一批新的农贸市场、特色专业市场，增加集体收入。鼓励村集体以土地承包经营权、资产、资金等按照保底分红的方式参股经营稳定、资产质量较好的企业。鼓励有条件的地方投资兴建标准厂房、职工宿舍及仓储设施等，通过异地置业，增加集体收入。如军屯乡马山村按照"化整为零、连方成片"的思路，流转农民土地990亩，转包给种植大户实现规模化经营，年增加收入5万元。

（7）细化激励监督措施。济宁市汶上县出台专门的《考核办法》，把村级集体经济纳入全县科学发展综合考核，纳入镇街党（工）委书记述职评议考核重要内容。建立健全了"一票肯定"评价机制。对增收明显的镇街，年度基层党建考核确定为"好"等次；对增幅高、增量多的村，综合工作考核确定为一类村。县乡联合两次落实村情综合分析研判，建立县委常委和人大、政协主要负责人联系镇街制度，坚持每周一调度、每月一通报，动态掌握各村集体经济增收情况，强化了目标引领和压力传导。

汶上县严格落实"四议两公开"和党务、村务、财务公开等制度，健全完善农村集体"三资"管理监督体系。充分发挥村务监督委员会、村民理财小组、农村党群议事会的作用，探索推广了"三动三议"[①]工作法和党群议事"半月谈"、村级账目"月审月通报"等制度，加强和规范了村务监督工作。先后制定实施了加强农村集体资产资金管理和开展农村集体经济责任审计的意见，全面启动村级财务审计工作，重点审计村级集体资产、财务和村党组织运转经费管理使用情况，进一步规范了村级财务管理。

3. 特色村集体经济发展经验

夏村是汶上县白石镇省定扶贫工作重点村之一，位于镇西部，昙山南侧，距镇驻地3千米，村庄文化历史悠久，有9个村民小组，人口1480人，总户数380户，区域面积2.99平方千米，其中耕地2440亩。"十二五"期间，该村通过产业带动(茶叶与核桃)，以昙山为资

---

① "三动"即支部发动、党员带动、干群互动；"三议"即村"两委"提议、村务监督委员会审议、村民代表决议。

源，大力发展旅游产业，村庄由原来的73户贫困户减少到27户贫困户。该村依托山地资源，大力发展农、林、旅游等多种产业，走出了一条绿色生态可持续的集体经济发展助力脱贫攻坚的路子，2017年实现集体收入31万元，全部贫困户实现稳定脱贫。过去的夏村，曾经是"集体穷、人心慌、路不通、水不畅"的穷村、空壳村，集体经济年纯收入不足2万元。为改变现状，村党支部通过外出考察学习、广泛听取群众意见，明确了绿色发展、靠山吃山、发展乡村休闲旅游的发展思路。他们邀请专家制定村庄建设规划，提出了"村南花香、村内饭香、村北果香、茶园茶香"的发展布局。

一方面，村党支部成立鑫县农业旅游农民专业合作社，支部书记担任合作社理事长，采取"支部+合作社+农户"的发展模式，与2016年争取上级旅游扶贫基金100万元结合，村集体以山地入股，所得收益全部用于贫困户分红。该项目已初步运作，仅该项目贫困户每人已实现分红1300余元。另一方面，该村通过合作社积极发展特色农业种植，以每亩800元价格流转农户土地140余亩，村党支部以60亩集体土地入股，占股30%，土地全部用于种植特色农产品，由合作社统一经营。年底，村集体分红30%，合作社提取公积金10%，社员分红60%。截至2019年9月，共种植荷兰土豆102亩、百合20亩、紫花生10亩、梨树2000棵、石榴树500棵、桃树300棵、杏树300棵、核桃树1000棵、猕猴桃8亩。

进一步拓展产业价值链，探索发展产品深加工项目。由鲁县旅游公司进行产品加工以及包装，汶上县夏村开发了百合花茶、食用百合、药用百合、昙山紫花生等产品，并通过互联网进行销售，年增收10万元。结合健康绿色生活理念，打造了生态茶庄、"昙山氧吧"、果木认领、有机蔬菜科普讲堂、拯救"土豆侠"、"美丽崮山随手拍"、有机蔬菜美食节等乡村旅游景点和互动项目。

村党支部将"三资"清理出的50亩山地和250亩村民山地以每亩700元的价格流转给汶上县祥和茶庄用于生态茶园建设，以每亩800元的价格流转村民土地2500余亩用于优质粮种种植，村集体通过提供组织务工、资金发放、用水用电、矛盾调处等服务，每亩地向承包商收取服务费50元，每年为村集体增收16万元。

（二）临沂市沂水县案例

临沂市沂水县有7.1万名贫困人口，居临沂市第一位，是全省20个脱贫任务较重的县之一。近年，全县上下紧紧围绕省市工作部署，把脱贫攻坚作为重大政治任务和头号民生工程，厘清思路，强化措施，创新突破，狠抓落实，2018年底，实现7.1万名贫困人口全部脱贫，92个重点贫困村全部摘帽，减贫任务超额完成。

1. 基本发展思路

（1）成立书记、县长任组长的扶贫开发领导小组。领导小组中有46个县直部门作为成员单位，选调35名干部充实到领导小组办公室，并在经费上提供全力保障，各乡镇均设立了扶贫工作机构，全县扶贫专职工作力量达120多人。建立了现代农业和旅游扶贫、金融和电商扶贫、易地扶贫搬迁、光伏扶贫、社会扶贫和"五通十有"[①]六条工作线，把工作任务分解到具体工作线上。实行县级领导包镇、第一书记驻村、"结亲连心"干部帮户责任制，省市县三级227名第一书记驻村

---

① "五通十有"是贫困村摘帽退出的标准之一。"五通"：通路、通电、通自来水、通广播电视、通信息。"十有"：有旱涝保收田、有致富项目、有办公房、有卫生室服务、有卫生保洁制度、有学前教育、有文化活动室、有健身场所、有良好生态环境、有就业保障措施。

帮扶129个重点贫困村。9026名县直单位干部结对帮扶44464户贫困户，实现了对重点贫困村、贫困户的全覆盖帮扶。

（2）加强扶贫项目建设和扶贫资金资产管理。加强扶贫项目论证，严格评审，确保项目建成后实现预期收益。科学制定施工节点，压茬推进，确保项目按期完工。全面落实项目监理制、终身负责制，组织相关部门和中介机构、扶贫理事会进行联合验收，确保项目建设质量。对2016年、2017年财政扶贫资金使用、项目建设运营以及省、市审计中发现的问题整改情况等进行督查。

（3）强化督查考核。县委每季度召开常委会听取脱贫攻坚汇报，及时组织召开调度会、座谈会、观摩会、推进会，分析情况，解决问题。针对脱贫攻坚阶段特点、工作重点、问题难点，加强日常督查，对问题点名道姓通报，并提出有针对性的整改建议，已下发通报37次。引入第三方评估考核机制，对扶贫项目规模、集体收入、省委巡视反馈意见整改、数据信息等工作进行评估，确保真扶贫、脱真贫、真脱贫。对乡镇、部门实行一月一观摩、一月一考核，计入全年考核成绩，并在下个月的推进会上，对上月考核乡镇第一名和最后一名进行观摩。对乡镇、县直部门分别实行差异化考核，年度考核前九名的乡镇授予荣誉称号，为最后一名乡镇颁发黄牌，通过正反双向激励，促进全县各级争先进位、赶超突破。

2. 具体发展路径

（1）坚持统筹兼顾，整合涉农资金。资金投放由重点镇、重点村逐步向非重点镇、非重点村倾斜，5年实现全覆盖。坚持长远长效，谋划发展长效脱贫产业，把专项资金全部用于集体产业项目建设，并以乡镇为主体，集中建设扶贫项目产业基地，既实现了规模效益，又实现了项目集中统管、收益统分。

（2）探索建立"一载体两分离"机制。"一载体"即村村成立扶贫理事会，"两分离"即村级精准扶贫资金的承接主体与经营主体分离，经营性资产的所有权与受益权分离。明确扶贫资金形成的扶贫资产归村集体所有。村集体将其发包给有经营能力的公司、合作社、大户经营，获取的收益精准公平地分配到贫困户。扶贫资产由农业部门纳入农村"三资"平台监管，实行所有权、经营权、受益权、监管权"四权"分置，确保了扶贫资产安全保值增值，集体资产不断壮大，贫困户有长期稳定收入，乡村能人也有了更广阔的发展空间。

（3）积极挖掘资源，激发贫困户内生动力。对目前还没有专项资金支持的非重点村，引导乡镇围绕脱贫标准，因村制宜，创新机制、研究办法，整合、盘活村集体闲置场所、空闲地、荒山、荒滩等资源要素，入股企业、合作社，通过资金转股、资源变现、资产升值等方式，形成稳定长效收益机制。全县共盘活农村资源8.5万亩，年直接收益4680万元；出租集体办公场所178处，废弃校舍88处，年实现房屋租赁收入206.4万元。引导和教育贫困户树立扶贫不是等钱要物，扶贫不是养懒汉，扶贫不是"干部干、群众看"意识，破除"等靠要"思想，实现从"不愿脱贫""要我脱贫"到"我要脱贫"的转变；搞好对贫困群众的职业培训，掌握一技之长；引导各村、各扶贫产业基地、各帮扶企业，通过设置公益性岗位、扶贫车间等方式，让贫困群众依靠自己的双手脱贫致富。

3. 特色村集体经济发展经验

徐家荣仁村位于沂水县高桥镇驻地东5千米处，耕地面积2600亩，是省定贫困村，全村共有895户2458口人，其中建档立卡贫困户

90户122口人，2016年实现整村脱贫摘帽。2015年以来，该村共争取整合国家、省、市、县扶贫资金587万元，其中投入360万元建设冬暖式蔬菜大棚、生姜储存窖、光伏发电、冷库、农机、"电商+农资超市"六个经营性扶贫产业项目，年实现纯收益5.2万元，贫困户增收4.86万元，年户均增收540元；227万元用于建设便民服务中心、幼儿园、"户户通"硬化路三个公益性资产项目。

全面推行集体经济发展"三转"模式，确保贫困户稳定收益。扶贫资金转股金。利用2016年省级财政扶贫资金40万元购置农机，入股沂水县风远农机专业合作社，村集体占10%股份，收益2.1万元，全部用于贫困户分红。村级资源转股权。村集体提供土地210平方米，供销社投资100万元建设供销服务中心一处，村集体土地资源占8%股份，收益1.77万元全部用于贫困户增收。集体资产转红利。利用村委办公室、便民服务中心楼顶共180平方米，租赁给沂水阳光富民光伏公司，建设光伏发电项目，年可收益0.99万元，使集体资产产生收益。同时，通过土地流转、孝老基金、社会帮扶、生产贷款等多项措施增加贫困户收入，全村贫困户人均纯收入超过3800元。

严格实施"四统"，筑牢扶贫资金资产运行"防火墙"。重点抓好该村扶贫资金资产的成果巩固、日常运营和收益分配等工作，确保扶贫资金资产安全增值、高效使用。一是严格按照村集体"三资"管理的有关规定，将扶贫资产登记确权为集体所有，纳入镇经管站统一管理。二是所有收益经党员、村民代表、扶贫理事会成员会议讨论通过后进行统一分配。三是利用经管站电子网络管理平台，所有扶贫资金资产实现网上统一监督管理，提高了资金资产监督管理的科学化。四是所有扶贫资金资产由镇审计办统一检查审计，确保资金资产规范使用。

因地制宜,全面实施贫困村"四联八建"提升工程。按照"干部群众联动,资金资源联筹,机关社会联扶,生产生活联兴"的思路,以扶贫项目为依托,突出资产管护、收益分配、机制保障等重点,巩固提升精准扶贫成果。(1)建特色产业项目。依托10个冬暖式大棚,配套建设果蔬交易市场,可实现贫困户年均增收160元。(2)建扶贫就业车间。引进山东鲁美达工艺品公司在该村设立扶贫就业车间,安置贫困人口就业,人均年增收8000元。(3)建电子商务网点。充分发挥该村电商服务平台作用,创新实施"电商+农资+日用品超市"项目,安置贫困人口创业就业。(4)建富民科教讲堂。充分利用该村新办公楼的干群学堂,定期对贫困户进行技能培训,2017年以来,已举办脱贫培训班5次。(5)建孝善养老基金。完善孝老基金筹集使用监督机制,确定扶贫理事会的主体责任,镇政府用社会爱心捐款给予适当补贴。(6)建公共服务平台。先后建设了便民服务中心、"户户通"硬化路、幼儿园等基础设施,实现"五通十有"全覆盖,达到了贫困户"两不愁三保障"标准。(7)建扶贫理事会。进一步健全了村级扶贫理事会落实扶贫政策、监督项目收益等日常运行机制,保证贫困群众的合法权益。(8)建过硬实干队伍。以村"两委"换届为契机,加强以村党支部为核心的村级班子建设,提高班子落实惠农富农政策、发展现代农业、壮大集体经济的实际本领。加强帮包队伍建设,充分发挥第一书记和帮包干部的协调作用、人脉优势,提高帮扶成效。对村级组织负责人、党员"创业带富"能手、农民专业合作经济组织负责人和专业大户、返乡创业农民等进行分层次、分专业培训,提高创业致富带头人示范带动作用。

徐家荣仁村的脱贫工作,一是以党建为基础,发挥村级党组织带动作用，注重提高村级党组织的组织动力与组织活力，借助第一书记扶贫等工作方式，提高基层党组织与村委会的发展能力，增强村级组织发展集体经济的内在动力和"造血"能力。二是坚持因地制宜的发展原则。注重从村经济基础、区位优势、资源条件等实际情况出发，因村制宜，面向市场，选准产业、项目和载体，保证集体经济发展的适用性和可持续性。三是有效整合利用各种资源，提高资源使用效率。有效开发利用各类资源，充分发挥自然资源优势，挖掘增收潜力，把资源优势转化为经济优势。支持村级集体经济组织创办农业生产经营服务公司、劳务公司等服务实体，发展农业生产服务业，探索混合经营。通过各种途径争取到村资金，进行集中投入，积极引导和鼓励社会力量参与村级集体经济发展，形成村级为主体、市场为导向的发展模式。四是加强管理工作，确保集体经济运行公平公正。在发展集体经济过程中，坚持规范经营，严格执行民主决策、民主管理、民主监督的各项规定，通过搭建扶贫理事会等各种民主管理平台，加强村级集体资产、资金、资源管理，做到保值增收。

第三章

扶贫与扶志、扶智相结合的实践探索与理论创新

一、实践背景

随着脱贫攻坚工作逐步向纵深推进，有关扶贫脱贫的深层次问题也日益凸显。其中，贫困人口的主体性培育成为一项核心议题，除了精准扶贫、精准脱贫方略实施以来一直重点关注的在对象识别、项目安排、资金使用、措施落实等方面精准聚焦于贫困人口外，最关键的是提高贫困人口脱贫致富的主观能动性，激发他们的脱贫内生动力，实现由"要我脱贫"到"我要脱贫"、由"输血式扶贫"再到"造血式脱贫"的转变。为此，习近平总书记在中共中央政治局第三十九次集体学习时指出，要注重扶贫同扶志、扶智相结合，把贫困群众积极性和主动性充分调动起来，引导贫困群众树立主体意识，发扬自力更生精神，激发改变贫困面貌的干劲和决心，靠自己的努力改变命运。[①]

改革开放以来，由于中国扶贫开发战略与政策体系基本上是以开发式扶贫为主并以贫困地区、贫困县、贫困村为扶持对象，贫困人口反而不是研究的中心。在精准扶贫、精准脱贫的新背景下，贫困研究更加突出人的要素，更加重视贫困人口的主体地位，围绕贫困群体的认知、心理、行为等开展实证调查和学理解释。关于扶贫与扶志、扶

---

① 《更好推进精准扶贫精准脱贫 确保如期实现脱贫攻坚目标》，《人民日报》2017年2月23日。

智相结合这一命题的研究主要是从三大核心主题展开：一是文化贫困问题和贫困文化理论研究。这一领域的研究成果相当丰厚，其核心观点是贫困人群在长期贫困陷阱中形成了某种独特的文化观念和生活方式，这种贫困亚文化导致贫困者缺乏自我脱贫或抓住脱贫机会的动力和能力。二是精神贫困现象和精神扶贫研究。一般从思维方式、价值观念、行为方式三个层面或志向与行为两个维度对精神贫困现象的产生机理和应对策略进行解释与分析。三是教育贫困、长期贫困和贫困代际传递研究。教育贫困主要关注因教因学致贫返贫问题，其指向是扶贫与扶智相结合、阻断贫困代际传递。长期贫困和贫困代际传递是中外学术界较为关注的论题，已有较多的学术积累，而且对贫困人口摆脱贫困陷阱的路径与机制提出了相应的学理解释。

二、主要做法、成效与经验

（一）主要做法

1. 以优秀传统文化为引领，提振造血能量

山东作为孔孟之乡，是儒家文化的发源地，"老吾老以及人之老，幼吾幼以及人之幼""天行健，君子以自强不息""鳏寡孤独废疾者皆有所养"等历史文化积淀，为脱贫攻坚提供了充足的文化养分。

（1）树立孝善养老风尚，筑牢贫困人口保障。山东省注重传承儒家"孝文化"，发扬孝亲敬老中华传统美德，把孝德文化与精准扶贫有机结合，建立正面激励、道德约束、舆论监督机制，引导子女自觉履行赡养义务，倡树良好家风。一是实施"孝诚爱人"工程。开展好婆婆、好媳妇、好儿女等评选活动。二是成立养老理事会。签订养老协议，通过养老行为"红黑榜"形成道德舆论压力，教育和督促子女养老敬老。2017年，全省农村设立善行义举四德榜9万多个，建成村级"儒学讲堂"7000个，开展活动3万余场，参与群众400万人次，旨在将乡亲四邻奉养老人、尊老爱幼、助人为乐的典型事迹记载并进行宣扬，潜移默化地影响贫困群众。三是成立孝善基金。通过子女拿一点、社会捐一点、财政补一点，在村级设立孝善基金，子女每月缴纳100—200元，由基金按比例给予10%—15%的补助，定期发放钱或实物给老人，改善老人的生活，走出了一条"子女尽责、集体担责、社会分责、政府履责"的农村老人脱困之路。2017年，全省建立各类孝善基金12841个，募集资金2.53亿元，惠及老年人62.35万人。山东省各地也都在孝善养老方面做出了特色，如济宁市等多地探索了"孝心基金+村级互助+居家养老"的养老扶贫模式；莱西市以打造孝德教育品牌为目标，出台了《孝道文化扶贫办法》，通过打造孝文化主题公园、孝道文化路、养生养老龙头企业，以孝道法规为导向，结合赡养协议和孝善基金，树立起独特的养老扶贫旗帜。

（2）弘扬优秀传统文化，推动非遗产业扶贫。山东省认真学习贯彻习近平总书记视察孔子研究院的重要讲话精神，着力挖掘和弘扬齐鲁优秀传统文化，承载起薪火相传、文化传承、以文化人的历史重任。实施"传承弘扬优秀传统文化十大行动"，聚力打造一批文化品牌，全省上下形成了政府与社会、城市与乡村、政策设计与基层探索有机结合、整体推进的工作格局。首先，利用非遗保护传承体系，优先把贫困人口纳入非遗传承人群，鼓励非遗传承人收徒传艺向贫困人口倾斜。其次，以文化产业推动扶贫，挖掘和利用丰富的非物质文化遗产资源，实施传统工艺振兴计划，发展"非遗衍生品电商"，推进"互联网+传统工艺"，壮大齐鲁民俗文化产业，拉动贫困村农民就业，促进增收。

2. 以沂蒙红色精神为核心，营造扶志氛围

"爱党爱军、开拓奋进、艰苦创业、无私奉献"的沂蒙精神，是山东人民在革命、建设和改革的历史进程中形成的民族精神，和延安精神、井冈山精神、西柏坡精神一样，是党和国家的宝贵精神财富。在脱贫攻坚中，山东省将沂蒙精神作为打赢脱贫攻坚战的"红色引擎"，教育引导贫困群众宁肯苦干、不愿苦熬，自力更生、艰苦创业。省委办公厅制定印发《关于大力弘扬沂蒙精神的意见》，先后建立沂蒙红嫂纪念馆、孟良崮战役纪念馆等爱国主义教育基地200多个。通过开展送政策下乡、编制扶贫手册等，把党的声音传递到基层，把沂蒙精神植入贫困群众心中，为打赢脱贫攻坚战源源不断输送"精神给养"。

（1）依托儒学课堂，以文化人。2017年，山东省建成村级"儒学讲堂"7000个，开展活动3万余场，参与群众400万人次。如山东省济宁市在建设弘扬优秀传统文化首善之区的工作实践中，将和善向上、忠孝仁义的儒韵民风与精准扶贫相结合，通过推行乡村儒学、孔子学堂等模式，聘请专业讲师深入农村社区长期授课。截至2017年12月，济宁市举办乡村儒学活动3300余场，以"不讲天边讲身边"的方式和浓厚的儒家文化氛围，以文化人，呼唤道德的回归。

（2）通过树立典型，激发动力。山东省通过典型示范带动和扶贫事迹感化，发挥了二者引路、示范和激励作用。如菏泽市启动了"'精准扶贫，永恒记忆'主题摄影"活动，在全市选取100个典型村、户、企业，组织摄影专业人员和爱好者集中拍摄，让身边土生土长的"凡人"典型现身说法。从基层脱贫户中选取有代表性的脱贫案例，编制成《菏泽扶贫60例》。如济宁市坚持宣传引导扶志、因人施策扶能、

强化教育扶智，着力激发贫困群众内生动力、增强自我发展能力，倡树典型发挥带动作用，大力宣传新时期扶贫精神，唤起贫困群众脱贫致富的斗志。通过送政策下乡、编扶贫手册、印政策漫画等，把党的声音传递到基层、送到千家万户，让光荣脱贫成为百姓热门话题。选取20余户脱贫先进典型，在"扶贫日"活动期间利用《济宁日报》《济宁晚报》《齐鲁晚报·今日运河》等媒体集中刊发宣传，用身边人身边事教育群众、开导群众、激励群众。

（3）借助移风易俗，人情减负。首先，山东省以移风易俗作为改变贫困群众生活方式的切入点，将其纳入村规民约。村民签订承诺书，对不按要求办理的，取消评优资格和相关福利待遇，从而引导农民群众自觉抵制陈规陋习。其次，全省指导成立红白理事会，制定章程，明确标准，积极倡树喜事新办、丧事简办、厚养薄葬的文明风尚。至2017年，全省已成立农村红白理事会8.6万余个，建立"喜丧大院""村民礼堂"等红白事办理场所5756个。山东省下属市、镇、村也都实行了移风易俗办法。如菏泽市推行丧事就餐一碗菜，沂水县推进乡镇公益性公墓全覆盖，淄博市临淄区南太合村红白喜事"份子钱"限额5角钱。移风易俗让文明节俭在农村蔚然成风，贫困群众甩掉"人情枷锁"，极大提升了归属感和认同感，提振了贫困群众脱贫致富的信心和勇气。

3. 以深化教育培训为抓手，斩断贫困根源

山东省实现了从"输血型"扶贫向"造血型"脱贫的转变，强调治贫先治愚、扶贫必扶智，调动贫困群众的积极性、主动性和创造性。既着力解决一些地方整体文化素质偏低、精神生活匮乏的问题，又放眼长远，深化基础教育，阻断贫困代际传递，拔掉穷根。

（1）全面改善贫困地区办学条件。2014年山东省教育厅等五部门共同发布了《山东省教育厅等五部门关于全面改善我省贫困地区义务教育薄弱学校基本办学条件的实施意见》，力图经过3—5年的努力，使贫困地区义务教育学校教室、桌椅、图书、实验仪器、运动场和音体美器材等教学设施满足基本教学需要；学校宿舍、床位、厕所、食堂、饮水等生活设施满足基本生活需要；全省所有义务教育薄弱学校办学条件得到整体改善，教育资源配置进一步优化；满足农村留守儿童学习和寄宿需要，村小学和教学点正常运转等。山东省"全面改薄"规划覆盖全省15个市111个县（市、区）的9765所项目学校，规划投入420.88亿元，建设校舍2139.47万平方米，惠及460多万名学生。

（2）强化义务教育保障体系。一是建立了控制辍学率、保证入学率的动态监测机制。二是分类制定了控制辍学率、保证入学率的实际措施，对2495名不在校学生逐一核查，准确掌握情况，认真分析失学原因，分类采取措施，做好劝返复学工作。三是将残疾儿童入学作为重中之重，实施特殊教育行动计划，对残疾学生实行"一人一案"，全部纳入学籍管理。对重度残疾孩子，提供送教上门或远程教育等服务。

（3）健全教育资助保障体系。教育是阻断贫困代际传递的治本之策。山东省对建档立卡的贫困家庭学生，从学前教育到高等教育实行资助全覆盖。从2016年春季学期开始，免收学前教育保教费、普通高中学生学杂费、中等和高等职业学校学生学费，每名学生每年平均发放1000—3000元的助学金；对于升入大学的贫困学子免除学费，按照每生每年3000元标准发放国家助学金。2016—2017年，全省统筹资金6.66亿元，资助贫困家庭学生42.7万人次，参加高考的13985名"寒门学子"全部录取入学。鼓励支持未升入普通高中的农村初中毕业生接受职业教育，让他们具备就业创业能力，带动整个家庭摆脱贫困。另外，山东省还构建了贫困农村留守儿童关爱体系，通过设立留守儿童关爱活动室，探索建立"四点半学校"，将课后农村留守儿童集中起来统一照管。

（4）开展贫困人口技能培训。针对一些贫困群众文化程度低、劳动能力弱、技术水平差的"素质贫困"问题，山东省从提高贫困群众的文化素质和实用技能入手，着力提高贫困群众的脱贫本领。一是根据贫困户技能需求、培训意愿等，开展免费技能培训，推广"田间课堂""大篷车下乡"等短平快培训模式，把课堂搬到"田间地头""村屋院落"，让贫困群众能就近就地学技能。二是围绕乡村特色产业和家庭服务业发展，开展"农家乐""渔家乐""藤编""柳编"等特色产业培训和"大嫂""大姐"等家政培训，提升农村贫困人口特别是农村妇女的致富技能。

4. 以聚焦深度贫困为攻坚，扶智扶志双管齐下

（1）推行帮扶措施到村到户，提升政策落实精准度。山东省菏泽市针对部分贫困村、贫困户存在安于贫困的宿命观、遇到困境的逃避观，以及"等靠要"的思想，为激发贫困群众通过自身努力实现脱贫的意识，点燃群众思谋发展的希望，使贫困群众坚信能通过自己的双手脱贫致富，创立了精准扶贫帮扶到村到户的双向承诺机制，组织1267个市县单位与1578个省扶贫工作重点村签订精准扶贫到村双向承诺书6312份，4.9万名干部与22万名贫困户签订精准扶贫到户双向承诺书。双向承诺机制把扶志作为扶贫的重要前提，鼓舞贫困群众树立自立自强的信念。菏泽市鄄城县创新性地开展了"一户一案"，根据每个贫困家庭的致贫原因，结合贫困群众的生活技能、生产经验、兴趣爱好等，有针对性地制定帮扶措施，进行个性化帮扶。通过寻找一条脱贫门路、培训一门技术、送一套生产工具等方式，逐渐把贫困户培养成走街串巷、摆摊看铺的生意人，种植养殖、加工制作的经济能手。

（2）聚焦留守贫困群体，实现就地就近就业。山东省注重深度开发贫困群众能力，力图使贫困人口发展有本钱、脱贫有项目、就业有岗位，实现尊严脱贫。一是为有劳动力的贫困户提供就业创业平台。为有创业能力的贫困户提供资金，支持建档立卡贫困户发展生产，着力解决贫困群众发展产业缺资金的问题。二是鼓励支持农业龙头企业、农民合作社、家庭农场等新型经营主体，通过吸贫入社、就业带动、股份合作、结对帮扶等方式，把贫困群众纳入产业链条。在此基础上，积极推广就地就近就业扶贫模式，按照"产业化带动、标准化建设、规范化管理、高效化利用"的思路，利用乡镇、村集体闲置的土地和房屋，创办不同形式的扶贫车间，让贫困人口在家门口就业增收脱贫，实现挣钱顾家两不误。

（3）设置扶贫专岗，提升贫困人口自我发展能力。山东省设立了互助扶贫公益岗位，采用政府购买服务的方式，聘请农村留守人员，尤其是留守妇女作为护理员，结对照顾贫困老人，为其提供做饭洗衣、打扫卫生、代购代办等服务。如山东省德州市乐陵市认真贯彻落实习近平总书记"扶贫先扶志"的指示精神，基于乐陵建档立卡贫困户占总人口的78.5%、因病因残和年老体弱的贫困人口占总人口85%的客观情况，围绕"扶贫专岗，互助扶贫"这一举措，着力解决贫困人口内生动力不足和老弱病残幼贫困人口脱贫难题，实现了"扶贫"与"服贫"的双赢。扶贫专岗的开发与设置对象为有劳动意愿但劳动能力较弱或因其他原因不能外出务工的人员，主要职责内容是为深度贫困的老弱病残幼群体提供日常照料、就医护理、助残服务、代办事项、情感疏导等有偿服务。"以贫服贫"既让上岗人员实现就近就地就业脱贫，也使得深度贫困群体实现脱困。

5. 以大扶贫格局为导向，搭建社会扶贫平台

（1）推进社会帮扶助学，实现扶贫与扶志相结合。山东省多地都在社会扶贫助学方面作了探索，山东省聊城市开展了教师与贫困学生"一对一"的帮扶活动。山东省德州市庆云县创新建立了"三帮一"扶贫助学模式，由一位科级以上干部、一名优秀教师和一名社会爱心人士组成志愿者小队，共同结对帮扶一名贫孤学生。由干部负责孩子的亲情陪护、家庭教育、家庭事务的协调解决，帮助孩子树立正确的世界观、人生观和价值观，树立积极向上的生活态度，做孩子健康成长的人生导师；优秀教师为孩子的学习型导师，负责对孤贫孩子定期走访、教育辅导，使其平等享受受教育的机会；爱心人士为孩子的感恩导师，负责孩子的物资救助，解决他们生活和学习上的经济负担，使其无忧成长。截至2017年底，已有505名贫孤儿成为"三帮一"的帮扶对象。另外，通过教育基金的设立、扶贫助学平台的推广以及助学晚会的举办，扩大了"三帮一"助学行动的效应，也吸引社会各界人士对贫困人口的关注和帮助。

（2）实施沂蒙志愿扶贫计划，凝聚社会力量助力脱贫攻坚。实施沂蒙志愿扶贫计划，动员上万家志愿家庭开展结对帮扶，2017年，已有两万个志愿家庭结对帮扶1.8万个贫困家庭。建立爱心众筹公益捐赠平台，爱心捐赠网络已贯通市县乡村四级，累计接受捐助物品210多万件，惠及贫困群众15.5万户。设立了山东省扶贫开发基金会临沂办事处，截至2017年12月，共计接受捐款1000余万元。各级慈善组织踊跃捐款捐物，共捐助资金1018万元及价值2000余万元物品，救助贫困人口两万余人次。

（二）发展成效

1. 优秀传统文化得到弘扬，贫困群众的精神面貌得到提升

（1）守望相助美德得到弘扬。山东省积极推行邻里关爱、慈善互助等扶贫模式，以点带面，形成一人有难众人帮、一家贫困大家扶的良好局面。比如，曲阜市陵城镇玄帝庙村贫困户孔庆荣，在丈夫去世后成为贫困户。村党支部请儒学讲师给村民讲了一堂量身定制的"邻里关系"相处技巧课后，不论谁看到她家正在上学的孩子都会主动把他接上车；她家里八分地的葡萄，村里的种植户们主动排起了班轮流看护，收获时葡萄一粒都没少；村妇女主任、村里的女党员、女街坊更是隔三岔五地去她家串门。在邻里帮助下，孔庆荣重新振作起来，这个家开始有了起色。济宁市任城区二十里铺街道后屯村利用村慈善工作站平台，邻里携手互助，实施"幸福追赶"。村"两委"发动全体村民自愿慈善捐款，多者捐款万余元，少者10元、5元，就连村里的低保户也自发捐款，本村村民共捐款5万余元，全部用于村内贫困户"救急难"。

（2）孝善养老促成老有所依、老有所养。通过树立孝善养老社会导向，山东省农村已有"善行义举四德榜"9万多个，村级"儒学讲堂"7000个，开展活动3万余场，参与群众400万人次。全省建立各类孝善基金12841个，募集资金2.53亿元，惠及老年人62.35万人。济宁市经过近年来的教化，全面提升了村民综合孝德素质，最直观的变化是全家开饭时第一碗饭一定要盛给父母，这为实施孝善扶贫奠定了坚实基础。全市各级部门探索出"孝心基金+村级互助+居家养老"的养老扶贫模式，创新搭建扶贫超市、爱心小屋等载体平台，形成了脱贫攻坚人人可为、人人愿为、人人能为的良好环境。

（3）移风易俗缓解人情重负。把开展移风易俗、整治陈规陋习作为减轻群众负担的民心工程，积极推行喜事新办、厚养薄葬、丧事简办，倡树文明新风，大力解决因婚丧嫁娶致贫返贫问题。全省成立红白理事会8.6万余个，建立"喜丧大院""村民礼堂"等红白理事会8.6万余个。制定红白事规范流程、标准要求，广泛开展"不要彩礼的好媳妇""孝亲敬老先进典型"评选表彰活动，引导贫困群众自觉抵制追求高价彩礼等陋习。与之前比较起来，喜事每场节约1.5万元、白事每场节约1.2万元。通过开展移风易俗，确保攀比之风治下来，困难群众负担减下来，新风正气树起来。

2. 贫困群众内生动力得到激发，基本实现了劳动力就近就地就业

2016年全年，山东省全省通过劳动实现脱贫95.43万人，占脱贫总数的63.12%，其中老年贫困人口通过劳动脱贫10.73万人。

（1）贫困人口的可行能力得到提升。2016年以来，全省农业、科技、人社等部门免费进行职业技能培训，共培训贫困人口4.1万。开展万名科技人员下乡活动，按照科技进村、入户、到田要求，加大关键时节、关键环节的技术指导和培训力度。全省集中举办培训班1461个，科技人员下乡8257人次，指导农户40余万户。有意向提升技术能力的贫困人口都能享受免费培训，贫困劳动力的能力得到了大幅提升。

（2）贫困人口的就业状况有所改善。2016—2017年，建设县级扶贫项目储备库，入库项目1.8万个。全省共发展种养、电商、旅游等产业扶贫项目17642个，投资67.07亿元，带动贫困人口202.81万人；

210家农业龙头企业带动贫困人口24796人，8743个合作社吸纳46052户贫困户入社，305个家庭农场示范场结对帮扶贫困户1408户。另外，全省建成厂房式、居家式、合作社式扶贫车间6126个，吸纳以老年人、留守妇女为主的12.6万人贫困人口就业。

（3）有创业意愿的贫困人口的贷款需求得到满足。截至2017年12月，发放"富民生产贷"74.7亿元，受益人口17.8万人。其中：发放"富民生产贷"74.7亿元，支持新型经营主体2982家，带动贫困人口就业13.2万人；发放"富民农户贷"21.7亿元，受益贫困人口4.6万人。

（4）互助扶贫公益岗位使贫困人口有尊严地脱贫。山东省全省共聘请护理员30063人，其中贫困人口14551人，照顾贫困老年人9.29万人。

3. 贫困学生教育需求得到保障，破除了因贫辍学、失学困境

贫困地区教学生活设施得到明显改善。在"全面改薄"工作中，山东省主动落实政府责任，强化政策保障，加大统筹协调力度，重点解决"钱、地、人"等方面问题。截至2017年8月，山东省"全面改薄"校舍建设开工面积2352.71万平方米，竣工面积2011.52万平方米，购置电脑、教学仪器设备1780.67万台（套），课桌凳307.96万套，图书6935.96万册，生活设备191.52万套。"全面改薄"取得了丰硕成果，贫困地区学校办学条件得到明显改善。2016年以来，全省未升入普通高中的农村初中毕业生接受中等职业教育的比例达到80%以上。

（三）主要经验

1. 聚焦贫困人口致贫原因和脱贫需求，提升精准扶贫政策的针对性和有效性

精准扶贫精准脱贫是一项政策性、实践性很强的工作，需要建立在对贫困人口的致贫原因和脱贫需求的精准、深刻把握的基础上。对于贫困人口而言，只有精准把脉，才能精准施策，也才能实现政策的精准性、针对性和有效性。山东省在扶贫与扶志、扶智相结合领域所开展的成功探索有：（1）针对半数以上的贫困人口具有一定劳动能力、就业愿望较强烈但是存在文化程度低、缺技术、年龄偏大、因病因残致贫较普遍、家庭养育负担重等状况，大力开展"扶贫车间"就业脱贫模式，并针对贫困村贫困户差异化的资源禀赋和脱贫需求，推行"一户一案""一村一品""一人一岗"脱贫攻坚工程，提升贫困人口的自我发展能力。（2）针对上述贫困人口的致贫原因和脱贫需求以及贫困村电商发展基础较好、返乡创业人员较多的状况，深入实施"互联网＋精准扶贫"战略，探索电商扶贫模式，实现贫困人口就近就业，调动贫困人口的内生动力。（3）针对贫困人口中老年人占比较高、因老致贫现象较普遍等现状，倡导孝善文化，设立孝善基金，实施孝善扶贫。

2. 传承和弘扬传统文化资源，为精神扶贫提供文化底蕴

从政策指向和实践导向上看，扶贫与扶志、扶智相结合最终要回归到精神和文化层面，以精神扶贫促精准脱贫。山东省在这个层面所开展的探索有：（1）从党建扶贫的角度，传承革命老区的革命传统和红色文化，将"爱党爱军、开拓奋进、艰苦创业、无私奉献"的沂蒙精神作为打赢脱贫攻坚战的"红色引擎"，通过教育培训等方式提升贫

困人口的精神状态。（2）立足于孔孟之乡和儒家文化发源地的地域优势，弘扬"孝文化"，将孝德文化与脱贫攻坚结合起来，实施"孝诚爱仁"工程，开展好婆婆、好媳妇、好儿女等评选活动，成立养老理事会，设立孝善基金，树立孝善养老社会风尚。

3. 运用多元化、综合性方案，系统应对文化贫困和贫困代际传递

扶贫与扶志、扶智相结合或精神扶贫所涉及的贫困生成、发展与延续机制是一项复杂的系统工程，单靠一种方案和手段是难以从根本上解决的，需要深度、全面挖掘文化贫困和贫困代际传递背后的内在机理，并将其转化成政策方案。山东省的探索有：（1）根据贫困户的技能需求和培训意愿等，开展免费技能培训，提升致富技能，培育致富能手，实施典型示范带动活动。（2）通过对患病贫困人口全部实行"两免两减半"政策、"先诊疗、后付费"政策和全部购买"扶贫特惠保险"，集中救治患大病贫困人口以及免费救治贫困白内障和血友病患者，实施健康扶贫，保障贫困人口的身体健康。（3）对建档立卡贫困家庭学生从学前教育到高等教育实行资助全覆盖政策，并构建贫困农村留守儿童关爱体系，实施教育扶贫，阻断贫困代际传递。

4. 以组织再造和创新为依托，重建贫困人口与乡村社会之间的社会联结

精神贫困在很大程度上是一种社会性贫困，是剧烈的社会转型和变迁导致贫困人口的被剥夺感、被抛弃感、挫折感和自卑感等多种心态杂糅的结果，其重要原因在于处于快速的现代化、工业化和城市化进程中贫困人口与现代性的社会、市场出现了较明显的断裂与失联，其弱势地位和处境在一段时间的累积下会逐渐转化成一种负面的心理状态和精神气质。在应对精神贫困和文化贫困的策略中，通过组织再造和创新,重建贫困人口与乡村社会之间的社会联结是一条可行途径。山东省的探索有:(1)以党建扶贫、干部队伍建设、定点帮扶等为依托,配强农村基层干部队伍,激发基层党组织、驻村干部、第一书记的执行和动员能力,发挥基层党组织和村民自治组织的领导和带头作用,使之成为带领贫困人口脱贫致富的领路人。(2)借助于扶贫理事会、农民合作社、红白理事会以及其他文化类村庄组织等,将农民尤其是贫困农民组织起来,调动贫困人口的生活积极性和脱贫致富的主动性,实现贫困人口与其他村民、乡村社会体系之间的有效社会联结,重建村落共同体,提升贫困人口的社区认同感。

三、需通过深化改革解决的问题

在精准扶贫精准脱贫进程中,扶贫与扶志、扶智相结合的实践领域尚存在挑战:其一,市场化背景下贫困人口的自我发展能力不足。市场化是一把双刃剑,一方面为贫困人口带来了新的发展机遇;另一方面也导致了发展机会不平等,以及进入一种全新的发展理念和框架的不适感、无力感、被剥夺感和生存发展风险,导致其在可持续生计、发展机会和能力上的脆弱性。其二,城市化进程中贫困乡村的发展活力匮乏。在城乡人口流动和资源交流的过程中,人口和资源基本上都是单向流动的,致使农村地区尤其是贫困地区出现空心化现象、衰败化迹象,这些对脱贫政策的落实构成了严峻挑战。一些需要较大体能、稍有技术含量的扶贫项目往往难以有效实施,同时农村发展要素匮乏问题越发突出,农村发展机会越来越微弱,缺乏发展活力和动力,进而走向贫困边缘或者落入发展陷阱。其三,深度贫困地区和群体的现代性伦理缺失与贫困代际传递。深度贫困地区和群体,从表层看呈现出外部文化视角下的"等靠要""懒散慢"等特征，从深层看则根源于其行为方式、价值理念、文化模式与现代化进程中的生存法则、致富伦理等格格不入。其后果之一就是贫困现象和文化在代际传递，贫困陷阱长期延续。具体来看，主要呈现出以下几方面。

第一，基层扶贫工作者"扶志"能力有限。扶贫工作在一定程度上会带来两方面的消极后果：一是贫困群体的污名化，这让本就自卑心理强烈的贫困者遭受巨大的心理打击，甚至主动放弃受助机会；二是对于扶贫对象的负向激励，扶贫资源的有限性会吸引更多的社会群体争夺有限的扶贫资源，滋生受助者对外部资源的依赖心理，抑制贫困人口主动脱贫的积极性。长期以来，一些社会成员习惯给贫困户贴上好吃懒做、不思进取等负面标签。这一方面导致了严重的社会排斥，逐渐将这些贫困者推至社会边缘，使其沦为弱势群体；另一方面也给贫困户带来了巨大的心理压力，他们开始自我否定，精神懈怠，消极应对当前困难。村民在个体行为上表现为因循守旧、得过且过，在群体行为上呈现出家庭本位主义、排斥集体合作的思维与行为方式，缺乏自主发展、团队合作的观念与意识。基层扶贫部门工作团队有时难以把握专业性的方法为贫困群众"扶志"，这给目前的基层扶贫工作带来极大挑战。

第二，部分贫困人口常规培训的获益难度大。在实践中，一方面，一些贫困人口表示自己参加过技能培训，而培训对于提升其技能、增收而言，没有太大收获和帮助。而另一方面，基层扶贫工作者也对此产生疑惑。山东省一些地方在对贫困群众的培训实践中，尽管政府和培训机构都作出了巨大努力，希望能够提供贫困户需要且能够产生实效的培训服务，但实际情况却是培训提供者瞄准了贫困人口，采取了及时跟进贫困户培训需求的灵活措施，但根据培训对象需求提供的培训服务很快就被培训对象抛诸脑后，并没有形成脱贫增收的实际效果。一方面，劳动力培训中专业设置比较理想化，课程技术含量过高导致培训效果不够理想。另一方面，劳动力培训存在一些技术性和制度性问题，如扶贫部门在技术培训、劳动力就业市场和信息方面不具备优势，在培训人员和实际就业人数的监测方面，也没有可靠的方法来避免委托或代理部门的徇私舞弊或不当作为。

第三，扶贫资源获取及利用效率低。现阶段，扶贫工作面临的资源困境主要体现在资源获取、分配以及利用效率上。首先，在资金来源上，政府的财政资金仍占主体，不少扶贫资金需要地方政府进行配套，致使扶贫资金的充裕程度与当地经济条件紧密相关。然而，对于贫困地区来说，地方财政无力负担这些配套扶贫资金，因此无法贯彻落实相关的扶贫工作要求。农村人际关系网络简单，交际圈子通常仅限于亲朋邻里，可获取和利用的资源十分有限。其次，在资源分配方面，目前精准扶贫工作基本由政府"包办"，资源是否被有效利用缺乏相关监管机制的监督。在这种情况下，掌握着国家扶贫资源的政府部门容易滋生腐败和产生扶贫不均现象：一方面，资源由相关部门根据前期收集的资料进行逐级指标分配，与基层联系不紧密，导致部分"临界贫困户"被排斥，真正需要帮助的贫困者被遗漏；另一方面，当前我国采取的定期政绩考核制度，导致部分地区领导热衷于打造扶贫工作示范点，将有限的扶贫资源全部投入其中，资源分配严重不均。

因此，在深化改革过程中，需要针对此类问题对症下药，进一步加强扶贫与扶志、扶智结合程度，有效转化扶贫成果，增强贫困地区群众的内生动力和自我发展能力。

第一，发挥脱贫致富典型的示范带动作用。其一，将有代表性的脱贫致富农户和个人树立为典型，将其脱贫故事、脱贫精神撰写成生动的故事，以宣传画册或短纪录片的方式通过媒体广而告之。其二，为脱贫致富典型建立宣讲平台，促进脱贫致富典型与贫困户、贫困个体的深度沟通，激发贫困户的致富意愿和内生动力，为贫困户脱贫致富提供思想和精神引领。

第二，提升新型组织文化在村落社区的影响力。发挥基层党组织和村民自治组织的领导和牵头作用，充分利用老年协会、妇女协会、农民合作社、红白理事会等各类村民组织，有计划地开展各种有内涵的集体活动。把村民组织起来，让这些组织的文化和价值观念逐渐在村民心中生根发芽，促进村庄文化和价值观念的现代化变迁。

第三，培养一批有志愿精神的社区工作队伍。从队伍设置设计上，可以在每个贫困村设置一个社区社会工作岗位，面向社会（重点是城镇退休教师、医生、科技人员和文化艺术工作者）公开招聘带有志愿属性的社会工作者，国家财政给予生活补贴和一定福利，并构建社区社工支持体系。社区社工的具体职责包括：了解村庄历史和传统，摸清每个农户的基本情况特别是发展中遇到的困难，把握社区内在权威结构及主导性价值取向，围绕改变社区陈规陋习和落后价值观念提出具体干预方案，申请财政资金或争取社会捐赠资金执行社区工作具体方案，根据工作进展和实际情况及时调整、完善社区工作方法和具体项目。

第四，实现贫困社区、社会组织与社会工作者合力助推精神脱贫。通过政府购买服务，将社区、社会组织、社会工作者结合起来。通过社会组织获取社会资源，辅助贫困地区社区建设，搭建好实施平台，并利用好社会组织在联合、调动社会资源上的优势,运用专业方法满足贫困人口的需求。

四、市县案例

(一)平邑县残疾人扶贫车间案例

走进山东省平邑县武台镇咸家庄村凯凯服饰有限公司的服装加工厂扶贫车间,一台台电动缝纫机飞速运转,一件件衣服在工人手中成型。在这间普通的厂房里,有十几位"特殊"的工人——聋哑人李梅、视力不好的孙兰香、智力有问题的咸海红等12位建档立卡贫困群众在这里发挥着自己的价值。这就是刘加芹创建的农家扶贫小院。

刘加芹,女,1975年10月生,现任凯凯服饰有限公司负责人,平邑县第十八届人大代表。先后获得"临沂市自强模范"和"平邑县巾帼致富标兵"等荣誉称号。2015年,凯凯服饰有限公司被市残联确定为就业扶贫基地,政府奖励3万元;2016年,升级为省残联就业扶贫基地,政府奖励5万元。

1. 家徒四壁,生活艰辛

刘加芹穿着时尚、嗓音洪亮,她的言谈举止展现着其优雅和知性。很难想象,她患有先天性心脏病,依靠心脏起搏器生活。2000年,刘加芹儿子的出生诱发了其先天性心脏病,病重时,体重最低下降到35公斤,心脏每分钟跳动下降到30次,实实在在地在鬼门关转了一圈。1999年刘加芹结婚时,公婆已瘫痪在床四年,结婚时手头只有大伯哥给的20元现金和盖新房欠下的2万元欠条。刘加芹的病使本来就贫困的家庭雪上加霜。其丈夫借遍了邻里亲戚,终于凑够了8万元手术费。2004年,刘加芹去济南做了心脏手术,手术并不太成功,刘加芹因此患上了严重的后遗症,一条腿的神经受损。

2. 艰苦创业,自强不息

坎坷的经历使刘加芹深刻体会到了贫穷和残疾的艰辛。看着空空荡荡的家和辛苦的丈夫,刘加芹暗暗咬牙,一定要赚大钱,让乡亲们以及和她一样的残疾人都过上好日子。

刘加芹十八九岁时曾在平邑缝纫学校学习制衣,毕业后在武台镇集市上加工衣服。2006年,与丈夫商量后,刘加芹在镇信用社贷款了2万元,从外地买来8台电动缝纫机、一台熨斗、一台锁边机,找了5个亲戚邻居帮忙,开办了服装厂。

创业之初,刘加芹度过了最为艰辛的一段日子。请不起老师,刘加芹自己钻研摸索机器,又手把手教会了工人。厂子建起来了,刘加芹却傻眼了,去哪里找活?她四处打听,听说临沂市劳保市场有活,揣着煎饼咸菜就去了。在临沂市劳保市场,刘加芹一家一家地进、一家一家地问,店家一听是新服装厂,都不愿意和她合作。第一天一无所获,渴了就问店家要水,饿了就啃煎饼卷咸菜。第二天上午又是一无所获,刘加芹身上的钱快花光了。然而,天无绝人之路,下午事情有了转机:刘加芹走进一家店,一位善良的老太太接待了她,老太太手里正好有一份几百件大褂的订单,要求交货时间也不是太急,了解到刘加芹的情况后,就把这份订单交给她的服装厂来做。回来后,刘加芹带领工人保质保量地完成了这第一笔订单,每件大褂赚了2角钱。老太太很高兴,又给刘加芹介绍了一些客户,刘加芹的服装厂就这样运转了起来。

由于刘加芹干活实在,从不偷工减料,在客户中的口碑很好,老客户都乐意介绍新客户给她。一开始,刘加芹的服装厂仅加工生产工装，利润较低。2011年，曲阜的老客户介绍来的邹城客户到服装厂考察后，定做了一批校服，利润相对较高。服装厂由此开始转为主要生产校服，后来业务范围扩展到了济宁市、枣庄市等。

3. 扶贫路上，大爱无私

曾经的贫困和残疾带来的痛苦，让刘加芹特别注意招募残疾人和贫困家庭妇女来厂工作，帮助他们提高就业技能、增加家庭收入，摆脱贫困。她吸纳了12户建档立卡贫困户的贫困劳动力就业。2016年，有5户贫困户实现了脱贫，剩余的7户也在2017年全部脱贫。所有在刘加芹工厂里工作的工人中午都管饭，残疾人可享受每天多5元的加工补贴。

在工厂里工作的残疾人中还有：赵治美，31岁，2014年因病截肢，现在只能靠假肢行走。其丈夫也是长年患病，一直靠药物维持。二人有两个正在上学的孩子，家庭条件十分困难。听说了赵治美的情况，刘加芹对其格外照顾，除了教会她剪裁、缝制衣服，还在她家里为她安置了一台缝纫机，每月按时按件给她发放800元到1200元不等的工资。除此之外，每月还补贴生活费100元。

咸海红，44岁，其和丈夫都有智力问题，为本村低保户。两个女儿正在上学，家庭条件十分困难，一直靠低保维持生活。刘加芹安排她到自己的公司打工，做一些力所能及的工作，按件发放工资，安排技术好的工友给予指导帮助。她每天能加工40—60件，收入在50元以上，每月生活补贴100元。

2015年，刘加芹的服装厂为平邑县残联组织成立的"善爱之家"的25名残疾人提供剪线头、打包等工作岗位。

4. 砥砺前行，开拓创新

刘加芹的服装厂由最初的农家小院，发展到现在拥有60台电动缝纫机、10多台特种缝纫设备、60多名工人，年加工服装能力达10万套。2015年注册成立凯凯服饰有限公司，在平邑县回族小学附近，投资新建了服装加工厂房一处。

谈到未来的发展，刘加芹想法很多，她打算推进凯凯有限公司的现代化建设。一方面加强公司的管理现代化，细化公司部门布局和分工，增强设计能力，提高产品品位和附加值；另一方面加强公司的销售现代化，引入互联网销售模式，增加公司利润空间。

（二）扶贫与扶志、扶智相结合：鄄城县董口镇"私人定制"助脱贫的案例

董口镇位于山东省菏泽市鄄城县西9千米，东靠古泉街道，西临黄河，南接临濮镇，北临旧城镇，属于黄河滩区乡镇，总面积93平方千米。该镇总人口6.69万，耕地面积8.3万亩。2017年，该镇有贫困户1753户3371人。其中：低保户1161户2234人，占比66.3%；五保户206户271人，占比8%；一般贫困户386户866人，占比25.7%。

经包村人员深入走访调查，了解到群众掌握收废品、炸爆米花、修鞋、炒花生、做豆腐等传统生产生活技术的现象非常普遍，而这些技术具有操作简单、成本低、收益快、报酬多的特点。为了使贫困群众的生活生产技能得到最大限度的发挥，助其快速脱贫致富，2016年8月，该镇创新性地在臧庄村开展"一户一案"扶贫试点。2017年全镇启动"一户一案"工作方案并申请到100万元的中央扶贫财政资金。

1. "私人定制"的催生

2016年2月，镇经管站站长苏东军到金庄贫困户卞进江（自幼患

小儿麻痹症）家走访。卞进江表达了自己的疑惑："你一趟趟走访，不是让填这填那，就是问这问那，到底能办点儿啥实事儿呀？"苏东军说，你想办点儿什么实在事呀？现在有扶贫车间，可以加工制作衣服，也可以做电子商务。卞进江表示自己都不会，但是小时候学过修鞋，问苏东军是否可以给自己提供一台电动修鞋机。

第二天，苏东军给在江苏江阴导链厂当厂长的表哥打电话，让他给买台电动修鞋机。七八天后，卞进江就在董口街摆起了小摊。凭借着卞进江的技术和努力，生意越来越好。他又在苏东军的帮助下办理了5万元小额扶贫贷款，在街上开了个诚信家电门店，主要经营小家电、日用小百货和儿童玩具，日收入超过百元。

董口镇党委、政府受这一事例的启发，立刻在全镇范围内再次走访贫困户，根据贫困户具体实际情况，进行针对性帮扶，从而萌生了"私人定制"扶贫策略，也即"一户一案"。即针对贫困户的差异，结合贫困群众的生活技能、生产经验、兴趣爱好等，进行个性化帮扶。

2. 一户一案，实现"志""智"双扶

鄄城县董口镇后宋楼村人宋建喜是"扶志扶智"的典型案例。宋建喜从20岁开始就在北京一家装饰公司工作，先是做打工学徒，后来带班带工，收入也相当不错。直到2016年6月，其妻子患上了围产期心肌病。宋建喜被迫辞职回家。他带妻子先后到菏泽、济南等地就诊，花费30余万元。经此沉重打击，宋建喜一家成了贫困户。

妻子病情基本稳定后，宋建喜又犯了难：在家闲着，闲不起，妻子看病、孩子上学都需要钱；再去北京打工，又放心不下大病初愈的妻子；在家做生意，又没有本钱。董口镇政府工作人员了解到宋建喜的家庭情况后，为其购置了一台电焊机、一台切割机，又帮他在董口

街上找了两间门面房，建起了一间电气焊铝合金门市。一开始，宋建喜人生地不熟，生意也没有起色，镇政府就优先安排他在扶贫车间、危房改建中承接一些铝合金门窗业务。时间长了，宋建喜的诚信踏实、聪明能干为他争取到了越来越多的客户。

臧庄村的农民臧文彬的父亲患了肺病，家里为他治病花光了积蓄，还欠下20多万元债，再加上两个年幼孩子的花销，原本幸福的家庭生活变得举步维艰，一家人陷入了艰难的境地。2016年6月，臧文彬被列入贫困户之一。镇干部在与他交谈中得知，臧文彬初中毕业后，学过电焊技术，苦于没有资金买电焊设备，一直是怀揣技术甘受穷。镇政府为其购买了电焊机、切割机、电锤、电钻等设备。臧文彬又重新扬起了生活的风帆，一天收入200多元。人手不够的时候，他还会找本村或邻村的小伙子来帮工，帮助他们提升收入。

3. 能量传递，激发贫困群体内生动力

2016年7月，董口镇政府工作人员在臧海军（自幼患小儿麻痹症）家中走访时，了解到臧海军家里只有一台老旧的脚蹬缝纫机，脚踏起来十分吃力，速度也慢，因此收入颇低。董口镇政府为其购买了一台电动缝纫机。自此他承接的服装零活越来越多，同时，他还给离村3千米的菏泽多娜发制品有限公司加工网帽。多娜发制品公司老板经过几个月的考察，认为臧海军人品和技术都不错，就主动请他到公司任技术带班，主要指导工人进行网帽加工，月固定收入达到3000多元。

臧海军还介绍本村贫困户到多娜发制品公司打工。臧庄村王二运丈夫长期患病，蹬个三轮车上街都很吃力。两个女儿都已出嫁。臧海军将其介绍到公司打工，助其实现了脱贫。

随着生产规模的扩大，多娜发制品公司拟将某些工序对外承包，臧海军经多方考虑，筹集资金承包了本村的扶贫车间作为多娜公司发制品的加工分厂，主要承包网帽加工工序，带动了周边20余名群众在车间打工就业。

从"一户一案"工作开展至今，作为试点的董口镇已有761户贫困户接受"私人定制"精准帮扶。"一户一案"也在鄄城县和菏泽市得到了推广，2017年鄄城县已为3232户贫困户发放了生产设备，平均每户每月增收1300元左右。

第四章
城乡统筹扶贫的实践探索与理论创新

随着农村精准扶贫进入攻坚拔寨的决胜期,山东省尽锐出战、精准施策,构建了系统的、可持续的农村扶贫战略,各种扶贫政策和扶贫资源不断向农村贫困地区和贫困户倾斜,从而为整体消除农村地区绝对贫困现象打下了坚实的基础。在此过程中,山东省着眼于未来,认识到贫困问题和贫困人口不仅仅出现在农村,城市贫困问题也亟待解决。为此,山东省在推进农村精准扶贫和精准脱贫过程的同时,积极探索城市贫困问题治理的方式与路径。在已完成农村贫困人口脱贫攻坚任务的青岛市,率先开展了城乡统筹扶贫开发的试点和探索,从识别标准、工作机制、帮扶措施等方面积极借鉴农村精准扶贫的做法和经验,同时结合城市发展的自身特点和城市贫困人口的特殊性,初步形成了城乡统筹扶贫开发的模式。

山东省城乡统筹扶贫开发是一种政策创新,推动着由职工最低工资、国有企业下岗职工基本生活保障、失业保险、城市居民最低生活保障制度构成的"四条保障线"城市扶贫政策的变迁,从而为实现全面建成小康社会的宏伟目标和建设共建共治共享的社会治理新格局提供了一条新的路径。但是,作为一种制度创新,山东省在推进城乡统筹扶贫开发方面依然面临着一系列的困难和挑战,如城乡扶贫政策的统筹机制、城乡扶贫的统筹内容等,如何解决这些困难和挑战关乎山东省的城乡统筹扶贫开发政策创新能否最终落地并实现政策扩散,将山东经验和模式推广到全国乃至对全球减贫事业作出贡献。因此,山东省在推进城乡统筹扶贫开发过程中需要积极总结经验、正视不足,实现城市贫困治理政策朝着预防性和开发性政策方向发展。不仅要解决城市贫困人口的物质性不足造成的经济贫困问题,还要解决城市贫困人口的能力不足、权利不足和动力不足造成的能力贫困、权利贫困和精神贫困等问题。

一、实践背景

山东省开展城乡统筹扶贫开发的试点和探索建立在与贫困治理理论和我国贫困治理实践分析总结基础之上,是农村精准扶贫、精准脱贫方略在城市的一种自然延伸,是紧跟时代需要的一种扶贫公共政策创新。

(一)城乡统筹扶贫开发的理论背景

20世纪80年代以来,随着我国经济建设和社会事业改革不断推进,城市化进程不断加速,城市人口贫困问题逐步显现,城市扶贫政策也出现了重大转变。洪大用曾经把20世纪80年代中期以来我国城市扶贫政策的转变概括为六大转变:从扶持企业到直接救助贫困人口的转变,从道义性扶贫到制度性扶贫的转变,从救助制度分立到救助制度整合的转变,从基本生活救助到综合救助的转变,从消极救助取向到积极开发取向的转变,从依托单位体制到重视社区作用的转变。[①]在城市扶贫政策转换过程中,我国形成由"四条保障线"构成的城市贫困人口社会保障体系,此外再加上养老保险、医疗保险等,形成了

---

① 洪大用:《试论改革以来的中国城市扶贫》,《中国人民大学学报》2003年第1期。

我国城市贫困人口扶贫的三大类型政策：预防性政策、救济性政策和开发性政策。其中：预防性政策关注点和重点在于防止城市贫困问题的发生或降低城市贫困发生率，主要包括最低工资保障制度（具体的法规政策主要包括《企业最低工资规定》《工资集体协商实行办法》《最低工资规定》），下岗职工基本生活保障制度，失业保险、医疗保险、教育和养老等各种保险制度；救济性政策关注点和重点在于减少城市贫困问题发生后对城市贫困人口产生的负面影响和损害，主要是城市居民最低生活保障制度；开发性政策关注点和重点在于消除城市贫困人口脱贫的障碍，拓展贫困人口脱贫的机会与能力，主要是再就业政策。通过对上述城市贫困人口扶贫政策的分析和解读，可以看出这些政策关注的重点依然在于如何让城市贫困人口摆脱物质贫困，即使是以实现贫困人口再就业为主要目的的开发性政策，由于强化了失业人员对于政府的依赖、对非正规就业渠道缺少关注、对培育贫困者的社会资本考虑不够、对贫困者的社会参与重视不够等原因，[1]也使得开发性政策难以保障城市有劳动能力和劳动意愿的贫困人口获得稳定的就业机会。但是，随着贫困理论的发展，有关对贫困问题的理解也跳出了传统的经济贫困范围，认为贫困不仅仅是经济贫困、物资贫困，还表现在权利贫困、能力贫困和精神贫困等不同方面。新的贫困理论特别强调权利贫困、能力贫困和精神贫困问题，认为它们是造成经济贫困的主要原因，经济贫困是权利贫困、能力贫困和精神贫困的表现和结果。因此，贫困治理需要突破物质性救济的一维性，应当从能力、社会权利和精神等方面进行综合性治理。

---

[1] 洪大用：《中国城市扶贫政策的缺陷及其改进方向分析》，《江苏社会科学》2003年第2期。

1. 能力贫困理论强调关注贫困人口的可行能力

能力理论是阿马蒂亚·森提出的，他认为传统以个人收入或资源占有量为主要贫困衡量标准的贫困定义有自身的局限性。贫困是贫困人口的功能性福利的缺失，而功能性福利缺失的背后则是实现功能性福利可行能力的缺失，个人的福利是以能力为保障的，而贫困的原因则是能力的匮乏，因此应当引入能力概念来测量人们的生活质量，只有能力才能保证机会的平等，没有能力，机会的平等是一句空话。[1] 通过森的可行能力贫困理论可以看出，需要从多维的视角去分析导致贫困问题产生的原因。其中，能力是一个非常重要的变量。因此，传统的以救济为主要内容的城市贫困治理方法忽视了对贫困人口可行能力的关注，是一维性和单向性的定义。例如，我国《城市居民最低生活保障条例》规定：持有非农业户口的城市居民，凡共同生活的家庭成员人均收入低于当地城市居民最低生活保障标准的，均有从当地人民政府获得基本生活物质帮助的权利。因此，在多维贫困治理理论的指导下，城市贫困治理不仅应重视物质扶贫，还要注重贫困人口的可行能力培育。

2. 社会权利贫困理论强调从权利角度解决贫困人口面临的制度性贫困、社会排斥和社会歧视等问题

洪朝辉在分析我国城市贫困人口所遭受的社会权利贫困时，认为中国城市的社会权利贫困主要表现在五个方面：现行的政府法规没有保障平等的公民权利；明文规定的权利难以得到强制实行；弱势群体缺乏参与制定游戏规则的权利，社会认同的危机日益明显；城市贫民

---

[1] Amartya K. Sen, "Capability and Well-Bing", *The Quality of Life*, ed. Martha Nussbaum and Amartya Sen(Oxford: Clarendon Press, 1993), pp.30–50.

的人格尊严严重缺乏;一批特定的弱势群体的社会权利严重不足。[①] 社会权利贫困理论认为可行能力贫困和经济贫困都可能是社会权利贫困的表现和结果,因此,需要关注贫困人口可能面临的权利贫困。例如,现行的《失业保险条例》规定:城镇企业事业单位、城镇企业事业单位职工依照本条例的规定,缴纳失业保险费,城镇企业事业单位失业人员依照本条例的规定,享受失业保险待遇。但是在现实生活中,个体工商户等非正规就业渠道的人员数量众多,特别是由于身体健康、年龄或受教育程度低下等原因,很多老年人、身体残障人士、进城务工人员等被排斥在正规就业渠道之外,这些人享受失业保险的权利得不到保障,可能成为城市贫困人口的人群。因此,在城市贫困治理过程中,需要关注贫困人口的社会权利,进而为贫困人口的能力提升和经济收入的增加提供一种制度性保障。

3. 精神扶贫理论强调激发贫困人口的内生动力

精神扶贫是一种积极的福利政策,其目的在于使贫困人口摆脱对政府福利政策的过度依赖,形成贫困人口脱贫的主体性意识。积极的福利政策强调"无责任即无权利","要使人们真正承担起自己的责任,社会福利制度就不能仅限于为他们提供物质救助,更重要的是要培养和增强他们的责任意识和进取精神,挖掘和激发其自身的潜能,提高其自助能力"。[②] 精神扶贫强调激发贫困人口的内生动力,发挥贫困人口自身的主动性和能动性,使其将自身的脱贫意愿与外部扶贫资源相结合,从而实现自身的脱贫。在城市贫困治理过程中,现有的以最低

---

① 洪朝辉:《论中国城市社会权利的贫困》,《江苏社会科学》2003 年第 2 期。
② 胡杰成:《我国城市扶贫政策的消极性缺陷及其改进途径——"积极福利"角度的考察》,《求实》2007 年第 9 期。

生活保障制度为代表的扶贫政策缺少对贫困人口精神状态的关注,难以激发贫困人口的内生脱贫动力,容易形成贫困人口对政府扶贫政策的依赖。因此,需要借鉴农村精准扶贫政策中的文化扶贫、扶贫与扶志等举措,激发城市贫困人口的内生动力。

4. 习近平总书记关于扶贫工件的重要论述是城乡统筹扶贫开发的支撑

习近平总书记关于扶贫工作的重要论述为脱贫攻坚提供了根本遵循,其丰富的内涵主要可以概括为九个方面:本质要求、艰巨任务、政治优势、精准扶贫、改革创新、内生动力、合力攻坚、阳光扶贫、共建没有贫困的人类命运共同体。[1] 在推进农村扶贫过程中,积极推进城市扶贫,逐步消灭贫穷,达到共同富裕,在生产发展和社会财富增长的基础上不断满足人民日益增长的美好生活需要,促进人的全面发展是社会主义的本质要求,也是我们党作出的庄严承诺。因此,在全面建成小康社会的路上要确保一个都不能少,其中城市贫困人口的脱贫也是全面建成小康社会的应有之义。此外,习近平总书记关于扶贫工作的重要论述中所包含的"五个一批""两不愁三保障""大扶贫格局"等不仅是指导农村扶贫开发的根本原则,同时也是指导城市扶贫开发的根本原则。

(二)城乡统筹扶贫开发的政策背景

城乡统筹扶贫开发的概念是随着我国经济社会事业发展政策的变化而出现的,是一种对新形势和新常态的回应。

---

[1] 黄承伟:《党的十八大以来脱贫攻坚理论创新和实践创新总结》,《中国农业大学学报》2017年第5期。

1. 城乡统筹发展要求统筹城乡扶贫开发

党的十九大报告提出，我国社会主要矛盾已经转化为人民日益增长的美好生活需要和不平衡不充分的发展之间的矛盾。为满足人民日益增长的美好生活需要，需要统筹城乡发展、区域发展、经济社会发展、人与自然和谐发展、国内发展和对外开放。其中，统筹城乡发展不仅是指改变城乡二元结构，实现乡村振兴，同时实现城乡交流和协同发展也是其应有之义。在扶贫开发方面，农村扶贫和城市扶贫是两个方面，传统上，农村扶贫和城市扶贫呈现出割裂的状态，但是，在城乡统筹的意涵下，在农业转移人口不断进入城市并实现市民化的过程中，农村扶贫开发和城市扶贫开发具有紧密相关性，在扶贫政策、扶贫路径、扶贫工作机制、扶贫资源等方面可以实现共享和统筹发展。

2. 打造共建共治共享的社会治理格局要求统筹城乡扶贫开发

党的十九大报告提出了打造共建共治共享的社会治理格局，并强调加强社区治理体系建设，推动社会治理重心向基层下移，发挥社会组织作用，实现政府治理和社会调节、居民自治良性互动。随着单位制的消解，城市贫困问题治理的载体由单位转移到了社区，社区成为供给贫困治理政策和资源的主要平台，同时社区也是增强贫困人口社会资本、实现贫困人口增权赋能的主要路径。社区中既有下岗失业人员、低收入群体，又有农村转移人口等，为实现社区治理体系和治理能力的现代化，需要补齐城市社区贫困的短板，将贫困人口吸纳到共建共治共享的社会治理格局中，让贫困人口共享发展成果。

（三）城乡统筹扶贫开发的现实背景

山东省作为东部沿海发达地区，相比中西部贫困地区，在农村精准扶贫、精准脱贫方面的任务相对较少，一些城市已率先完成了建档立卡农村贫困人口的脱贫任务,因此,可以腾出更多的时间和精力去探索城乡统筹扶贫开发和解决城市相对贫困问题。

例如,青岛市已经于2016年底实现市定标准(4600元)下建档立卡农村贫困人口全部脱贫。青岛市提出了新型城镇化和基本公共服务均等化的发展要求,确立了从农村脱贫攻坚向城乡统筹扶贫转变,从着重解决收入贫困向缓解多维贫困转变,从健全社会保障体系向构建社会保护体系转变,为城镇贫困居民优先提供就业援助、教育资助、医疗救助、保险补助、住房保障和关爱服务,实现劳有应得、学有优教、病有良医、住有宜居、老有颐养、贫有力助,不断增强共建共享的获得感、参与融合的归属感、体面尊严的幸福感的城市发展目标。

二、主要做法、成效及经验启示

山东省内开展城乡统筹扶贫开发试点与探索的城市数量不多,整体上处在提出概念与观念转变的过程中,其中"提出概念"强调的是将精准扶贫与精准脱贫概念应用到城市扶贫,将相互割裂的农村扶贫与城市扶贫统筹考虑;"观念转变"强调的是认识到贫困问题不仅仅存在于农村,城市社区中同样存在贫困问题,精准扶贫、精准脱贫理念没有贴上农村扶贫的标签,其所反映的思想和包含的策略同样适用于城市扶贫。根据本次调研和收集到的相关资料,我们了解到,山东省开展城乡统筹扶贫开发试点和探索的城市主要包括青岛、济南和济宁,其中青岛市的试点和探索最具有代表性,例如青岛市西海岸新区的试点和探索工作始于2016年,经过一年多的试点和探索工作,形成了城乡统筹扶贫开发的基本政策框架和工作机制,在此基础上,青岛市形成了《关于实施城镇贫困居民精准帮扶的意见》初稿。其他城市的城乡统筹扶贫开发基本上处于提出概念的阶段，尚未真正形成试点。因此，这里将基于青岛市城乡统筹扶贫开发的试点和探索进行研究。

（一）主要做法——青岛市开展城乡统筹扶贫试点与探索的具体做法

青岛市没有国家标准以下的农村贫困人口，按照 2300 元国家扶贫标准和 3000 元的山东省扶贫标准，确定了 4600 元的市定扶贫标准。按照组织培训、农户申请、入户调查、民主评议、公示公告、建档立卡"六步工作法"，对贫困户精准识别、反复甄别、建档立卡、动态管理，实际建档立卡农村贫困人口 28535 户 63887 人。此外，综合考虑辖区农民人均纯收入、集体经营性收入、贫困发生率等因素，在精准识别 200 个省定贫困村的基础上，又确定了 310 个市定经济薄弱村和 10 个经济薄弱镇，一并纳为脱贫攻坚对象，分别占全市村庄和镇总数的 5.7% 和 23.2%。在确定扶贫标准的基础上，青岛市实施"两步走"：第一步，到 2016 年底，实现市定标准下建档立卡农村贫困人口全部脱贫；第二步，到 2018 年底，实现省定贫困村和市定经济薄弱村、薄弱镇全部摘帽。到 2016 年底，全市建档立卡农村贫困人口全部脱贫，其中产业发展脱贫 26393 人，转移就业脱贫 4128 人，兜底保障脱贫 15773 人，"雨露计划"脱贫 1460 人，医疗救助 2383 人，社会救助帮扶 2358 人，其他方式帮扶 11392 人；有 51 个省定贫困村和 79 个市定经济薄弱村率先脱贫摘帽。在 2016 年度山东省扶贫开发工作考核中，青岛市等次为"好"，获得省委、省政府奖励 1000 万元。

2017 年，青岛市编制实施"十三五"脱贫攻坚规划，以增加农村贫困人口收入为核心，强化扶贫资金绩效管理，加快扶贫项目推进速度，加大脱贫成效督导核查，创新扶贫方式，真正用"绣花"的功夫实施精准脱贫。青岛市率先开展城镇扶贫研究和试点。与自上而下推开、工作机制健全、政策体系完善的农村脱贫攻坚相比，国家还没有规范的城镇贫困人口的界定标准，国内大城市还没有系统化、规模化实施城镇扶贫的典型范例，需要从理论支撑、实践支撑、政策支撑等多个方面率先实现突破。青岛市在抓好农村贫困人口脱贫攻坚的同时，盯紧城镇贫困人口，抓紧研究制定城镇扶贫方案，打造全域扶贫的"青岛样板"和"青岛模式"。

1. 创新城市贫困人口精准识别标准

习近平总书记关于扶贫工作的重要论述中所包含的精准扶贫思想可以分解为"六个精准"，其中，扶贫对象精准是精准扶贫的基础和关键，是扶贫项目安排、扶贫资金使用、扶贫措施到户、因村派人和扶贫成效能否精准的前置性条件。对此，我们可以从两个方面理解扶贫对象精准：一是扶贫标准是否科学和精准，关系到识别出来的人口是否属于真正的贫困人口；二是在制定科学扶贫标准的基础上，识别出来的人口是否属于扶贫标准以内的人口。因此，可以看出扶贫标准是整个精准扶贫工程的第一步，在城市扶贫标准方面，青岛市创造性地将城市低保标准和低保线附近的相对贫困人群或因突发性事件返贫风险较高的人群进行了整合。

青岛市综合考虑经济社会发展水平、城乡居民生活水平、地方财政承受能力等因素，科学合理设定城镇贫困居民认定条件，基于将凡拥有青岛市常住城镇居民户口，共同生活的家庭成员年度人均可支配收入低于当地城镇居民最低生活保障标准1.5倍，因没有稳定收入来源、生活保障或因重度残疾、重大疾病、重大灾害事故、子女接受教育等造成刚性支出过大，家庭生活确有困难且未纳入最低生活保障范围的，以户为单位申请城镇贫困居民认定。

在具体政策试点和实践过程中，青岛市西海岸新区将城市贫困县和城市低保线"两线合一"，暂定为7440元。[①] 传统上，城市最低生活保障制度属于救济性政策，其保障的是贫困人口的基本生活，但是，在城市低保政策之外，特别是收入标准位于城市最低生活保障标准线附近的人群，由于其自身所属社会阶层、教育经历和家庭结构等方面的影响，抗社会风险的能力较弱，当外部经济社会环境发生剧烈变化，或者因为自身和家庭人员出现健康、意外事件时，这类人群极容易陷入贫困，所以青岛市在城市贫困人口扶贫标准方面的政策创新不是体现在贫困性和低保线的"两线合一"，而是创造性地将因重大疾病或身体原因而出现生活困难的群体也纳入城市贫困标准。例如，西海岸新区将城市低保对象，家庭人均收入在本区低保标准200%范围内的重特大疾病、重度残疾家庭，因特殊原因不能办理或暂时不能办理城市最低生活保障的困难家庭纳入城市贫困标准中来。为进一步实现扶贫对象精准，将城市扶贫标准下的贫困人口识别出来，并为下面的精准帮扶奠定基础，青岛市西海岸新区将城市贫困人口划分为暂时贫困户和长期贫困户，具体见表4-1。

---

① 根据青岛市民政局2017年3月21日下发的通知规定，自2017年4月1日起，市南区、市北区、李沧区、崂山区、黄岛区、城阳区、高新区城市居民最低生活保障标准调整为每人每月660元；即墨市、胶州市、平度市、莱西市城市居民最低生活保障标准调整为每人每月600元。同时自2017年4月1日起，崂山区、黄岛区、城阳区、高新区农村居民最低生活保障标准为每人每月660元；四市农村居民最低生活保障标准为每人每月490元。所以，根据最新的低保标准，青岛市西海岸新区的城市贫困人口标准应当为7920元。另外，截至2017年4月，青岛市共保障城乡低保家庭8.7万户13.4万人。青岛市已连续七年提高城乡低保标准。此次提高城乡低保标准，是城乡低保建制以来的城市低保标准第16次、农村低保标准第11次提高。新标准实施后，青岛市城乡低保标准在全省继续保持最高，并达到计划单列市城乡低保标准中等水平。

表 4-1　青岛市西海岸新区城市贫困户类型

一级贫困类型	二级贫困类型	贫困人口描述
暂时贫困户	劳动型贫困户	家庭成员有一定劳动能力
	因学致贫户	收入较低仍供养子女上学
	突发病灾贫困户	因灾、因病等突发意外事件医疗花费支出较大，造成家庭生活出现暂时困难
长期贫困户	残疾致贫户	家庭成员中患有重度残疾或家庭成员存在多人残疾
	孤寡型贫困户	城镇"三无"人员
	长期病灾致贫户	常年遭受病灾且无劳动能力
	未成年贫困户	身体健康的城市孤儿、困境儿童

在明确城市贫困标准和贫困人口类型的基础上，还需要建立创新性精准识别程序。为此，青岛市西海岸新区借鉴农村精准扶贫的精准识别创新性举措，启用居民家庭信息核对系统，对拟列入城市贫困户的人口在社保、公积金、工商、税务等部门的数据信息进行交叉对比，从而精准识别出城市贫困户，做到"扶真贫"。同时，镇（街道）安排专人会同居委会成员组成核查小组，根据认定标准及范围，采取个人申报与主动告知相结合的方式，排查本辖区内符合条件的贫困户，并组织对贫困户家庭经济状况、成员身体状况、实际生活情况逐一进行调查核实，建立精准扶贫台账，将农村精准扶贫中积累的建档立卡经验应用到城镇精准扶贫工作中。

2. 创新城市精准扶贫和精准脱贫工作机制

通过创新城市扶贫标准，运用农村精准扶贫建档立卡工作经验，实现城市扶贫的"扶真贫"。为保证精准扶贫和精准脱贫的顺利开展，需要建立相应的工作机制。为此，城市精准扶贫和精准脱贫工作借鉴农村精准扶贫和精准脱贫工作机制和经验，并结合传统城市扶贫中的城市最低保障工作经验、城市救助工作经验、养老保险工作经验、医疗保险工作经验、失业保险工作经验等，创新了城市扶贫的工作经验。

在青岛市西海岸新区城乡统筹试点和探索过程中，实行区级负责、镇（街道）落实的工作机制，区委、区政府对扶贫开发工作负总责，抓好统筹协调、上下衔接、政策制定、目标确定、检查考核等工作。区委、区政府承担主体责任，书记和区长是第一责任人，做好进度安排、人力调配、推进实施、督查指导等工作。镇（街道）党（工）委和政府（办事处）承担直接责任，书记和镇长（主任）是直接责任人，做好项目确定、组织实施、资金投放、绩效评估等工作。成立区城市扶贫开发领导小组，下设办公室，与农村扶贫开发领导小组及其办公室合署办公，统筹抓好全区农村、城市扶贫开发工作（见图4-1）。

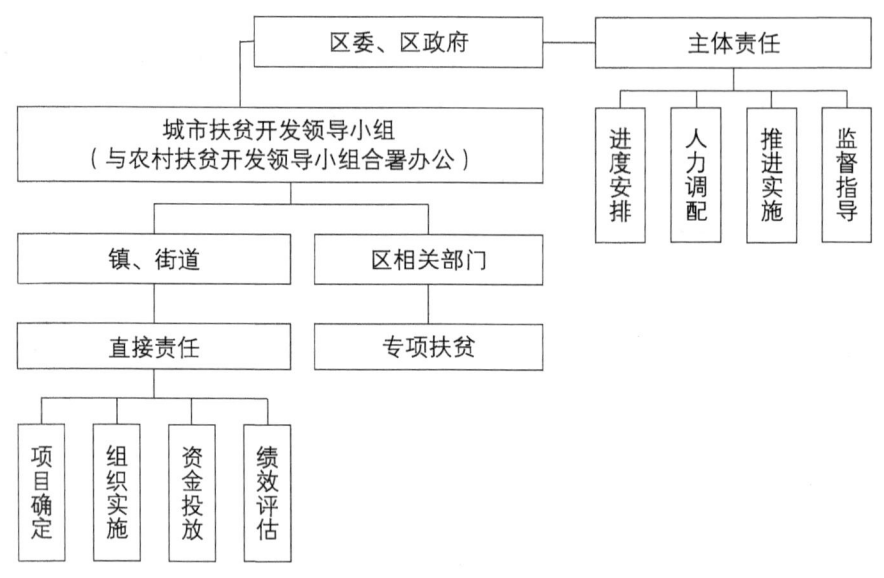

图4-1 青岛市西海岸新区城乡统筹扶贫工作机制

在西海岸新区试点和探索的基础上，青岛市初步构建了市级城乡统筹扶贫工作机制，建立市级统筹、区（市）负主责、部门联动、街道（镇）和社区落实的城镇贫困居民精准帮扶工作体制。市委、市政府主要负责制定城市贫困居民精准帮扶的方针目标、出台重大政策举措、统筹整合扶贫资源、加强目标绩效考核等工作。区（市）党委、政府建立健全与城市贫困居民精准帮扶任务相适应的领导机构和工作机构，主要负责建档立卡、资金筹集、政策实施、改革创新等工作。街道（镇）党委、政府主要负责城市贫困居民的申请登记、入户调查、认定评议、帮扶对接等工作。市扶贫协作办主要负责牵头制定城市贫困居民精准帮扶政策，做好统筹协调、规划编制、促进完善、监督检查、绩效评估等工作。市人力资源和社会保障局、市卫生健康委、市民政局、市教育局、市城乡建设委、市国土资源房管局、市残联、市总工会、团市委、市妇联等单位根据职能分别制定城市贫困居民精准帮扶专项实施方案，跟踪协调解决重大问题。市扶贫协作领导小组相关成员单位分别制定城市贫困居民精准帮扶配套措施和年度工作计划，明确任务分工，落实工作责任（见图4-2）。

3. 构建城市扶贫大扶贫格局

青岛市借鉴农村专项扶贫、行业扶贫、社会扶贫"三位一体"大扶贫格局的主要做法，积极鼓励民营企业、社会组织、个人参与扶贫开发。例如，青岛市西海岸新区探索了民营企业、社会组织、个人参与城市扶贫开发的大扶贫格局，构建社会帮扶资源和精准脱贫有效对接长效机制。强化国有企业扶贫社会责任。国有企业每年拿出一定比例的利润用于扶贫脱贫，并通过社会捐赠、吸纳城市贫困人口就业、领办社会养老等多种方式，积极参与脱贫攻坚。动员民营企业开展产

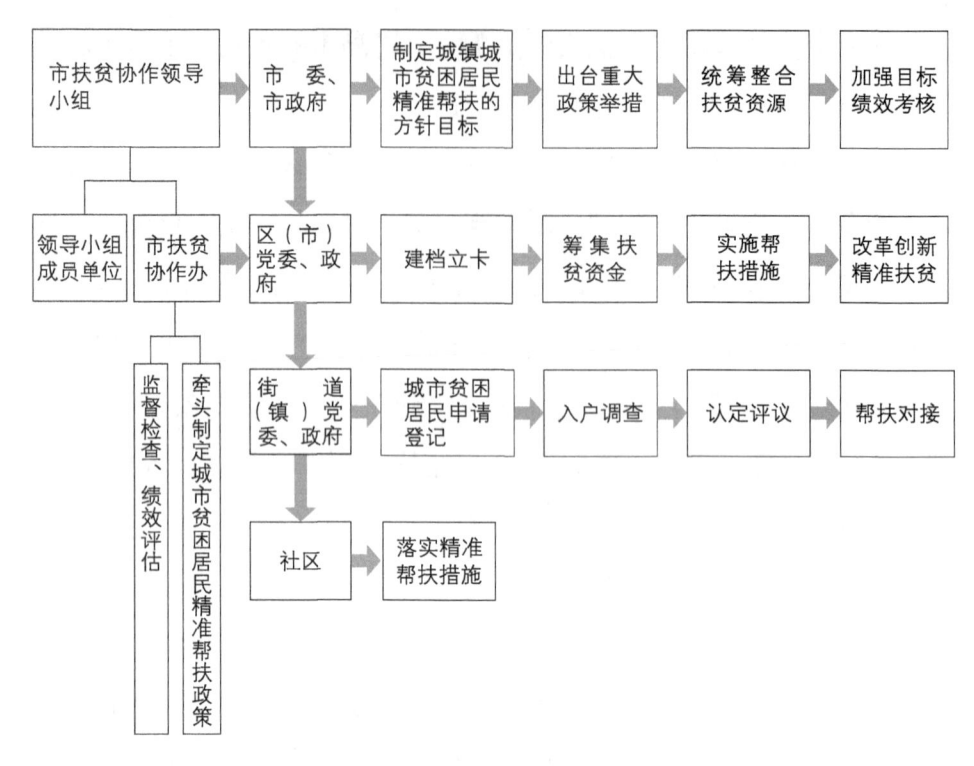

图 4-2　青岛市城乡统筹扶贫工作机制

业扶贫、商贸扶贫、就业扶贫、捐赠扶贫、智力扶贫。鼓励有条件的企业设立扶贫公益基金，采取市场化运作方式，对贫困户进行帮扶。实施扶贫志愿者行动计划，建立扶贫志愿者制度。社会慈善资金安排一定比例用于扶贫开发。

在此基础上，青岛市形成了多方参与城市精准扶贫与精准脱贫的大扶贫格局。例如，借鉴农村精准扶贫和精准扶贫过程中形成的党建扶贫和驻村工作队等方式，发挥好基层党组织的领导核心作用，建立完善新型社区服务管理体系和工作机制，加强社区社会工作者队伍建设，对重点社区选配优秀干部派驻。鼓励支持企业、社会组织和个人与城镇贫困居民精准对接，建立"点对点"结亲连心帮扶机制。提高基层社会组织综合服务能力，采取政府购买服务、补贴活动经费、设立项目资金等措施，支持发展养老照护、公益慈善文体娱乐等社会组织，带动发展健康服务业、养老服务业、家庭服务业等生活性服务业。深入贯彻慈善法，落实公益性捐赠减免税政策，建立慈善表彰奖励制度，优先发展具有扶贫济困功能的慈善组织，完善经常性社会捐助机制，提高公益慈善品牌的公信力。鼓励设立医疗救助基金、救急难基金、权益保护基金等公益基金，撬动社会资金大规模投入城镇贫困居民精准帮扶工作。支持商业保险机构开发与健康管理服务相关的健康保险产品，鼓励社会帮扶资金帮助城镇贫困居民参加多种形式的补充保险。

4. 建立多维贫困治理机制

城镇扶贫既要关注城镇贫困居民的基本生存和生活状态，为他们提供基本保障和生活救助，也要关注他们的基本发展能力、基本发展机会和基本权益保护，着力解决城镇贫困人口在教育、健康、住房、公共事务参与、社区参与等方面面临的能力贫困、权利贫困和精神贫困等，采用"精准分类、一户一策"方式，做到"真扶贫"。

西海岸新区将城市贫困户划分为暂时贫困户（包括劳动力型贫困户、因学致贫户、突发病灾致贫户）、长期贫困户（包括残疾致贫户、孤寡型贫困户、长期病灾致贫户、未成年贫困户），在此基础上，借鉴农村扶贫中采用的"两不愁三保障""五个一批"等举措，开展就业援助行动、教育资助行动、健康扶贫行动、社保阳光行动、安居宜居行动、关爱服务行动，实现城镇贫困户的就业保障、教育保障、医疗保障、兜底保障、住房保障，推动全面脱贫。

首先，在解决城市贫困人口经济贫困方面，对于因病因残因学致贫人口、城市"三无"人员等，通过社会保障政策兜底脱贫、健康脱贫和教育脱贫等方式解决这些贫困人群在经济方面的贫困。例如，对家庭成员中患有重度残疾的贫困户，或家庭成员存在多人残疾的贫困户，采取落实兜底保障、残疾人安养、居家服务及其他社会保障等方式帮助脱贫；对列为贫困户的城市"三无"人员（城市"三无"人员是指青岛市非农业户口居民中无劳动能力、无生活来源、无赡养人和扶养人或者其赡养人和扶养人确无赡养能力、扶养能力的老年人、残疾人、精神病人），采取落实兜底保障、入住养老机构、居家养老服务及其他社会保障等方式帮助脱贫；对常年遭受病灾且无劳动能力的贫困户，采取落实兜底保障、医疗救助、常用药定期供给、临时救助等方式帮助脱贫，解决其因病致贫、因病返贫问题；对身体健康的城市孤儿、困境儿童等未成年人采取兜底保障、发放生活补助、机构养育、免除学杂费、社会资助等方式进行帮扶，避免孩子因贫辍学，学成毕业后帮助解决就业；对自身患有重特大疾病、罕见病或重度残疾的城市孤儿、困境儿童，采取兜底保障、发放生活补助、机构供养、医疗救助、康复训练、免除学杂费、社会资助等方式进行帮扶。具体措施如下：

（1）对无法通过就业、救助等措施帮助脱贫的家庭实行政策性保障兜底：对家庭人均收入在本区低保标准200%范围内的家庭中无生活自理能力和固定收入的成年重度残疾人或患有恶性肿瘤、肾移植、尿毒症、白血病以及其他重大疾病患者，可以个人名义单独申请城市低保，每月发放全额低保金的50%。

（2）对具有西海岸新区户口的年龄60周岁以上的城镇"三无"人员和低保老年人（子女无照料能力或患有一、二级重度残疾）中失能、半失能的老年人进行居家养老服务。经审批后认定为城镇"三无"人员的，每月可享受低保金和孤老专项生活补助。对符合集中供养条件并有集中供养意愿的城镇"三无"人员实行集中供养。对在福利机构集中供养的城镇"三无"人员每人每年补助 4500 元（每集中供养一名城镇"三无"人员，区财政每年补助城镇"三无"人员所在供养服务机构管理运行经费 4500 元）。

（3）对符合集中供养条件并有集中供养意愿的新中国成立前老党员实行集中供养。

（4）对城市重度残疾贫困人员由政府全额代缴最低标准的居民养老保险费。

（5）特殊人群救助。增强流浪乞讨等特殊人员救助力量。进一步加强救助管理过程中的安全检查，健全消防安全制度，做好救助记录和档案保管，规范各类托养业务，及时查找、甄别受助人员身份信息，开展好寻亲工作。

其次，在解决城市贫困人口能力贫困方面，通过产业扶贫和人力资本投资等方式，提高城市贫困人口中有劳动能力人群的知识水平、动手能力。例如，在青岛市西海岸新区，对符合贫困户认定范围，且在法定劳动年龄内、有劳动能力、有就业要求、处于无业状态的城市居民，在区公共就业服务机构完成失业登记或派遣期内的高校毕业生，实施就业保障。就业保障的主要措施包括：

（1）就业帮扶。享受各项公共就业免费服务，登记镇（街道）公共就业服务机构优先帮扶。

（2）技能培训。优先推荐参加创业培训、就业技能培训。参加就业技能培训的，通过初次职业技能鉴定并取得相应证书的，给予一次性职业技能鉴定补贴，培训补贴标准根据培训专业（工种）和培训等级确定，最高不超过 1800 元。

（3）失业金救助。凡符合人社部门申领条件的，可根据投缴年限申领3—24个月不等的失业金。失业金每月发放标准为950元，失业人员领取失业金期间由国家为个人投缴医疗保险，享受医疗待遇。失业人员重新就业后失业金停发。

（4）创业补贴。有创业需求的，要建立帮扶机制，做好政策宣传。符合条件的，要积极协助其申领一次性创业补贴、一次性小微企业创业补贴、一次性创业岗位开发补贴等，协助其办理创业担保贷款、创业税收减免认定（个体）等。

（5）民生市场经营补贴。入驻西海岸新区范围内农贸市场经营的，由区财政给予市场经营摊位费补贴。符合条件的，可在入驻市场正常经营一年后，持市场经营摊位收费票据到辖区居委会申领2400元/年的摊位补贴。

再次，在解决城市贫困人口社会权利贫困方面，通过教育扶贫和健全社会保障制度等方式，保障城市贫困人口享受到与普通公民相同的社会权利。例如，在住房权利保障方面，青岛市西海岸新区规定凡具有该区户籍、符合贫困户认定范围，且在该区租住公共租赁住房的城市家庭，实行每建筑平方米0.75元/月或者市场租金的30%、50%、70%三级差别化租金。在受教育社会权利保障方面，青岛市西海岸新区对贫困户学生从学前教育到高等教育各阶段均实施相应补助。对于学前教育学生发放每人每年1200元的生活补助。义务教育方面，城乡低保家庭中入学子女教育生活补助标准小学、初中分别为300元、600元。寄宿制小学、初中学生，每人每年发放1000元、1250元生活补助。普通高中方面，免除贫困户入学子女普通高中学杂费，城乡低保家庭中入学子女教育生活补助每人每年1000元。教育部门困难家庭学生资助每人每年1500元或2500元。中等职业教育方面，城乡低保家庭中入学子女教育生活补助每人每年1000元。教育部门困难家庭学生资助每人每年2000元。大学教育（本、专科）方面，本科大学生每人每年救助5000元，专科大学生每人每年救助3000元。

最后，在解决城市贫困人口精神贫困方面，通过培育城市贫困人群的社会资本，将长期游离于社区社会网络、职场社会网络之外的城市贫困人群再次嵌入各类型和各层级社会网络中，提高这些群体的社会资本，增强其联结社会资源等能力。同时，运用文化扶贫等扶贫方式，激活山东省作为文化大省和儒家文化发祥地的优势，重构城市社区互助文化和孝文化，从而解决城市贫困人口的原子化问题。例如，组织开展扶贫政策到社区入户活动，深入宣传习近平总书记关于扶贫工作的重要论述和中央、省、市、区扶贫开发工作会议精神；各级党组织深入细致地做好每个贫困户的思想政治工作，动员贫困户以积极的态度参与脱贫攻坚，服从党委政府的统一安排；倡导现代文明理念和生活方式，引导和支持城市贫困群众抛弃"小富即安、小富即满"的传统观念，树立"自尊、自信、自强、自立"的精神，艰苦奋斗，勤劳致富，激发城市贫困群众脱贫致富内生动力，达到既在物质上脱贫，更在精神上"脱贫"；弘扬家庭美德，对因子女不履行赡养义务导致老年人贫困的，采取司法手段促进子女更好履行义务。

（二）发展成效

目前，山东省城乡统筹扶贫开发工程依然处于少数试点和前期探索过程中，整个城乡统筹扶贫开发呈现出规模小、城市开展城乡统筹扶贫主动性差的特点，因此，现在难以用农村精准扶贫和精准脱贫中精准考核的方式对取得的成效进行定量分析。本部分主要对青岛市西海岸新区2016年和2017年在城乡统筹扶贫开发方面取得的部分成绩进行分析，另外考察了青岛市城乡统筹扶贫开发公共政策扩散的影响。

1. 城乡统筹精准扶贫精准脱贫成效显著

2016年至2017年，青岛西海岸新区共投入3795万元，将"城市贫困线+城市低保线"两线合一，对772户1277名城市贫困户进行精准扶贫，通过启用居民家庭信息核对系统，对拟列城市贫困户的人口在社保、公积金、工商、税务等部门的数据信息进行了交换比对，24户显示核对异常，最终确定772户1277人作为城市贫困户。在城市精准扶贫和精准脱贫资金保障方面，构建与城市精准脱贫任务相适应的财政投入增长机制。西海岸新区财政追加扶持资金3795万元，用于统筹城乡精准扶贫，为重度残疾、重大疾病患者提供低保补助；为772户城市贫困人口全额补贴居民社会医疗保险16.52万元；为1277名城市贫困人员购买意外伤害险和家庭财产险；为101名城市重度残疾贫困人员全额代缴居民养老保险费5.05万元；对186名城市贫困人员实施居家养老服务，对13名城市贫困人员实施集中供养，对集中供养的城镇"三无"人员每人每年补助4500元。

通过建立城市贫困户兜底保障、就业保障、住房保障、教育保障、医疗保障等制度，并逐项分解到区民政、人社、国土房管、教体等部门，明确责任单位、配合单位以及各自责任分工。其中，区民政部门实行兜底保障。人社部门实施就业帮扶、技能培训、失业金救助和创业补贴等措施，使120名城市贫困人员获得一技之长；先后安排22场招聘会进行就业帮扶，实现68名城市贫困人员再就业。教育部门对城市贫困户学生进行全面摸底排查，对贫困户学生从学前教育到高等教育各阶段均实施相应补助，为152名城市贫困家庭学生发放教育生活补助18.24万元，减免各类学杂费5.6万元。

2. 城乡统筹扶贫开发公共政策有效扩散

政策创新的目的在于提高政策的绩效，其中实现政策扩散是政策绩效的一部分，因此，在考察一项新的公共政策效用的时候，也可以从政策是否实现了横向扩散和纵向扩散进行分析。根据政策创新的扩散模型，可以将政策扩散模型划分为四种：全国互动型模型、区域传播模型、领导—跟进模型与垂直影响模型。[1]其中，全国互动模型假设的是在地方之间存在一个全国性沟通网络，通过该网络已开展创新性公共政策试点和探索的地方政府能够与尚未实施该政策的地方政府就相关政策进行交流和互动；区域传播模型假设地方政府的公共政策主要受到相邻地方政府的影响；领导—跟进模型假设某一地方政府在一项政策采纳方面是领导者，其他地方政府争相效仿这些领导者，加以跟进；垂直影响模型把各地方政府看成不是效法其他地方政府的政策，而是效法中央政府的政策，这种模型强调各地方政府受全国性政府的影响不仅在于学习层面，还可能是因为中央政府的命令。

通过对公共政策扩散四种模型的分析可以看出，一项公共政策创新，可以朝着不同的方向和不同层级进行扩散。在青岛市城乡统筹扶贫开发公共政策传播方面，目前能够观察到的扩散方面主要是纵向扩散和横向扩散。在纵向扩散方面，主要包括向山东省省级政府的扩散和中央政府的扩散，例如，在2017年1月18日召开的山东省扶贫开发工作会议上肯定了青岛市西海岸新区率先实施城市扶贫的经验做法；2017年4月17日，国务院扶贫办的官方网站以《山东：青岛统筹城乡

---

[1] 朱亚鹏：《公共政策过程研究：理论与实践》，中央编译出版社2013年版。

推动全域扶贫》为题对青岛市的政策创新进行了报道。青岛市地方性公共政策创新通过向省级政府和中央政府的扩散,有可能影响山东省甚至全国未来城乡扶贫的路径选择。在横向扩散方面,目前难以验证已经开展城乡统筹扶贫试点或探索的济宁市、济南市以及山东省之外其他省市部分城市是否受到了青岛市政策创新的影响,但是青岛市的政策创新已经通过媒体进行了扩散,媒体的报道也可以看作一种横向扩散的机制,可能对其他城市产生一定的影响。

图 4-3 青岛市城乡统筹扶贫开发政策创新扩散案例

（三）山东省开展城乡统筹扶贫开发的创新和启示

城乡统筹扶贫开发与相对贫困问题都着眼于"后精准扶贫时代"社会贫困问题，其针对的是 2020 年解决农村整体性贫困问题后的农村和城市的发展问题和相对贫困问题。山东省通过先行先试的方式，开展了城乡统筹扶贫开发的试点和探索，在城乡统筹扶贫开发概念、标准、制度供给等方面取得了一定的创新。

1. 提出"城乡统筹扶贫开发"概念，明确城乡统筹扶贫开发方向

20 世纪 90 年代，城市贫困问题进入政策制定者视野。国家先后开展了下岗职工基本生活费发放、再就业工程，以及制定出台了最低生活保障制度、失业保险制度、养老保险制度、医疗保险制度等，但是城市扶贫与刚开始进行精准扶贫的农村一样，存在碎片化扶贫、附属式扶贫、被动式扶贫等问题。洪大用在总结城市扶贫政策缺陷时认为，城市的扶贫政策是嵌入在各种经济改革与发展政策之中的，旨在促进经济改革与发展的顺利进行，而不是以反贫困为专门目标，因此存在一定缺陷。[1]进入农村精准扶贫新时代，随着农村精准扶贫顶层设计的出台以及相关配套政策的实施，农村成为我国扶贫的主战场，在此过程中，城市贫困问题存在被边缘化的风险。但是，与农村的土地和农村社区对农村贫困人口具有一定兜底的功能不同，城市贫困人口在社会资本、兜底性资源等方面更贫乏，因此，城市贫困治理有其现实的必然性和紧迫性。

山东省基于自身在全国的经济社会发展位置，在部分或接近完成农村贫困治理问题的时候，及时提出了城乡统筹扶贫概念。城乡统筹

---

[1] 洪大用：《中国城市扶贫政策的缺陷及其改进方向分析》，《江苏社会科学》2003 年第 2 期。

扶贫一方面，有利于投入大量公共成本的农村精准扶贫治理模式在城市贫困治理中获得可持续发展的土壤；另一方面，从扶贫的角度为未来的城乡一体化和新型城镇化提供理论性支撑。

2. 关注相对贫困人群和贫困边缘高风险人群，实现城市贫困人口标准的弹性化

城市的贫困人口主要可以划分为绝对贫困人口和相对贫困人口。前者的贫困主要表现在收入不足或没有收入，因此，主要采取救济式扶贫策略；后者的贫困主要表现在发展能力不足、社会权利不足或内生动力不足，因此，主要采取开发式扶贫策略和预防式扶贫策略。对于城市中的绝对贫困人口，现有的以城市最低生活保障制度为主的社会保障体系可以实现对经济贫困人口的兜底脱贫。但是，除此之外，还存在两类潜在贫困人群。一类群体是收入高于低保标准，但是低于平均收入或中位数收入；另一类群体是有一定的收入，但是可能因为疾病和灾害等突发性因素而陷入贫困状态。这两类潜在的贫困人群相比享受城市低保的人群，更容易遭遇制度性排斥，也更容易被制度性边缘化。

因此，城市的精准扶贫在关注城市低保人群之外，还应当将更多的关注点放在潜在贫困人群上。青岛市西海岸新区在确定城市贫困人口标准时，除了传统的城市低保对象之外，还将家庭人均收入在本区低保标准200%范围内的重特大疾病及重度残疾家庭、因特殊原因不能办理或暂时不能办理城市最低生活保障的困难家庭列入扶贫对象。

3. 在城市贫困治理制度供给中借鉴农村精准扶贫模式，实现制度的部分"统筹"

理解城乡统筹扶贫开发，需要从下述两个方面进行：第一，城乡统筹扶贫开发需要从"统筹"的角度考虑农村扶贫和城市扶贫的政策供给，实现两种政策嵌入和反嵌入；第二，城乡统筹扶贫开发需要明确"城乡"的异质性。由于城乡贫困人口的致贫原因不同、人口属性不同、外部环境不同等，在推进扶贫政策统筹和整合的过程中，也需要在政策的实施过程中注重差异化。

山东省在开展城乡统筹扶贫开发过程中，在城市贫困治理制度供给方面，积极借鉴农村扶贫的"六个精准"全流程扶贫模式、"行业扶贫、专项扶贫、社会扶贫"的大扶贫格局、五级书记抓扶贫的工作机制等经验和做法，提出了就业援助扶贫、教育资助扶贫、健康扶贫、安居宜居的住房保障扶贫、精神扶贫等。在这些方面，农村精准扶贫和城市精准扶贫具有内在一致性。

通过对山东省城乡统筹扶贫开发的实地调研和资料文本分析，课题组从中获得了一定的启示，这些启示主要表现在如何理解社会主义本质、如何理解习近平总书记关于扶贫工作的重要论述、如何理解"两个一百年"奋斗目标、如何理解精准扶贫、如何理解城乡统筹发展等方面。

1. 城乡统筹扶贫开发是中国特色社会主义的本质要求和党的使命所在

中国特色社会主义是社会主义的中国化成果，特别是改革开放后，中国在经济社会发展中的不断探索丰富和完善了社会主义的内涵，其主要内容包括：在中国共产党领导下，坚持以人为本，解放和发展生产力，实现共享共富、公平正义与社会和谐，促进人的全面发展。[1]通

---

① 刘洪刚：《中国特色社会主义本质理论研究》，《科学社会主义》2017年第3期。

过对新中国成立以来中国经济社会事业发展经历的回顾和总结，可以看出解放和发展生产力、实现共同富裕是社会主义的根本遵循，更是中国特色社会主义的本质要求。贫穷不是社会主义。因此，解决贫穷问题成为实践中国特色社会主义本质的必然要求。为此，我们党自新中国成立以来，特别是改革开放以来，在农村地区开展了一系列扶贫开发工程，经历了从农村经济体制改革下的扶贫资源瞄准与减贫，到以贫困县瞄准为重点的开发式扶贫结构，再到以贫困村瞄准为重点的开发式扶贫治理结构，[①]农村贫困治理呈现出由面到点、由粗放到精准、由局部发力到举全国之力的发展局面。自精准扶贫概念提出以来，我国农村的贫困人口和贫困发生率大幅下降。共同富裕是社会主义的本质要求，在解决农村贫困问题的同时，城市贫困问题依然是阻碍实现共同富裕的社会现象，只有同时或分步骤解决农村和城市贫困问题，才能最终实现共同富裕。因此，山东省在逐步解决农村贫困问题的同时，意识到实现共同富裕也必须要解决城市贫困问题，率先开展了城乡统筹扶贫开发的试点和探索。

打赢脱贫攻坚战和全面建成小康社会是我们党作出的庄严承诺，也是我们党的使命所在。发展是我们党执政兴国的第一要务，必须坚持以人民为中心的发展思想，坚持创新、协调、绿色、开放、共享的发展理念，为此，各项工作都要把有利于发展社会主义社会的生产力、有利于增强社会主义国家的综合国力、有利于提高人民的生活水平，作为总的出发点和检验标准，尊重劳动、尊重知识、尊重人才、尊重创造，做到发展为了人民、发展依靠人民、发展成果由人民共享。因

[①] 黄承伟、覃志敏：《我国农村贫困治理体系演进与精准扶贫》，《开发研究》2015年第2期。

此，城乡统筹发展是以人民为中心的发展思想的重要体现，更是发展成果由人民共享的根本保障。

2. 城乡统筹扶贫是精准扶贫思想的重要体现

精准扶贫战略的重要历史价值不仅在于具体的"两不愁三保障""五个一批""六个精准"等具体的实践，更在于改变了过去将扶贫嵌入到经济社会事业，从而忽视了对贫困现象特有本质解读的思维方式，认识到贫困现象有其自身发生的规律，贫困治理也是有其自己独特的路径选择，因此，贫困治理应当被看作统领经济社会事业发展的系统性工程。精准扶贫方略的提出，在指明了农村贫困治理路径选择的同时，更是将"精准""责任""使命"等灌输到党政干部的思维中，这也是精准扶贫对新时代中国特色社会主义的重要贡献。虽然精准扶贫方略始于农村的贫困治理，但是思想具有普适性和包容性，因此，精准扶贫思想对于城市贫困问题的治理依然具有重要的指导意义，这主要体现在：使各级党委和政府认识到城市贫困治理的重要意义，在城市扶贫标准制定、扶贫项目选择、扶贫队伍建设、扶贫资金使用、扶贫绩效考核等方面都要改变过去的大水漫灌式做法，用"绣花"的功夫和精神开展城市扶贫工作。

山东省在开展城乡统筹扶贫开发试点和探索过程中，初步形成了一套城市精准扶贫和精准脱贫的做法和举措，经"精准"思想嵌入城市扶贫工程的全流程，这也为指导全面开展城市扶贫工作提供了方法论。

3. 城乡统筹扶贫是城乡统筹发展的重要支撑

城乡统筹发展一般被认为是指导解决城乡二元结构，缩小城乡差距，解决农村对城市依附式发展的指导思想。但是，这种理解和解读只看到了城乡统筹发展的一方面。根据发达国家过去在统筹城乡发展过程中的经验和教训，城乡统筹发展是具有阶段性的系统性工程，在城市优先发展的时期，为解决农村在资源、资金、人才等方面存在的比较劣势，需要统筹考虑城乡发展，解决户籍、社会保障、人员流动、资源吸纳等方面的问题，缩小城乡之间的差距。但是，随着农村与城市之间发展差距的缩小，以及城市人口过度聚集、环境污染、相对贫困等问题的出现，农村获得了更高的比较优势。此时，为避免城市的空心化，实现正常的城乡交流，必须从城市的视角考虑如何更好地与农村发展接轨，如何从农村发展中吸取经验。在贫困治理方面，传统上城市由于构建了相对完善的城市最低生活保障等社会保障体系，城市相对于农村具有比较优势，但是随着农村精准扶贫和精准脱贫工作的开展，农村贫困问题不断得到改善，乃至得到完全解决。在此过程中，农村积累了扶贫的制度经验，培养了扶贫人才，生成了扶贫资源，构建了扶贫组织体系，这些都是现在城市贫困治理中所欠缺的。因此，开展城乡统筹，将上述农村在扶贫中获得的比较优势与城市进行分享，最终真正实现城乡统筹发展。

（四）需通过深化改革解决的问题

目前，精准扶贫和精准脱贫的主战场依然在贫困的农村地区，这对于探索城乡统筹扶贫开发造成了很大的压力：如何吸引社会关注和政策制定者关注？如何将农村精准扶贫模式和资源嵌入城市扶贫体系？如何看待城市的绝对贫困和相对贫困问题？这些都是探索城乡统筹扶贫开发过程中面临的困难和挑战，也是真正实现"统筹"必须要解决的问题。由于缺少可供参考的经验和模式，从政策创新到政策执行再到政策评估都需要构建一套新的理论支撑体系、制度支撑体系和资源支撑体系。因此，在政策执行全过程中可能面临很多的不确定性和风险，这也造成了政策创新可能由于外部支持环境和内部制度优化等因素难以达到最优，更多的是处于一种改进的状态。在山东省城乡统筹扶贫开发公共政策的试点和探索方面，主要表现在城乡统筹扶贫开发政策在贫困人口标准、与现有城镇低保等政策的整合、政策的可持续等方面存在一定问题。

1. 城市贫困居民认定标准相对封闭问题

无论是青岛市西海岸新区开展的城市扶贫试点和探索，还是青岛市制定的市级城市扶贫规划方案，都将城市贫困居民限制在拥有西海岸新区常住户口的城镇居民或者拥有青岛市常住城镇居民户口的人群。这种封闭性的认定人群标准一方面是考虑地方财政的承受能力，另一方面是考虑与现有城市以最低居民生活保障制度为代表的城市贫困人口居住制度体系的相互衔接。因此，从目前的阶段来看，这种制度设计具有一定的合理性。

但是，随着城镇化程度的加深、城乡一体化的发展、农村居民与城市社区的融合、城乡交流的加强，将会有更多的辖区内和辖区外的农民进入城市，特别是随着二代进城务工人员数量的增加，现有的城乡二元户籍制度将这些人群排斥在城市社会保障体系之外，但是这部分群体又是抵抗社会风险能力最弱的群体，也是最容易成为城市贫困人口的人群。现有的城市扶贫标准和城市社会保障制度对这些人群的制度性排斥和集体性排斥将可能对新型城镇化建设、城乡一体化建设、进城务工人员社区融合和社会治安等产生不利影响。

为此，2018年1月青岛市出台了《关于加快推进农业转移人口市民化的意见》，按照《意见》提出的改革方案，青岛市将深化户籍制度改革，健全完善城乡统一的户籍管理制度，以合法稳定住所（含租赁）或合法稳定就业为基本落户条件，全面放开城镇落户限制。加快取消购房面积、就业年限、投资纳税、积分制等落户条件，优先解决农村学生升学和参军进入城镇人口、在城镇就业居住5年以上和举家迁徙的农业转移人口，以及新生代农民工等重点群体落户问题。完善大中专院校、机关、团体、企事业单位、社区和市、区（市）人才交流中心集体户管理制度，方便各类符合条件的外来人口落户。到2020年底，全市计划实现106.5万农业转移人口落户城镇（其中，非户籍转移人口90.5万人，本市就地转移人口16万人），46.4万城中村、城边村原有居民完全市民化，常住人口城镇化率和户籍人口城镇化率分别达到74%和64%以上。因此，随着户籍制度的改革和农业人口市民化进程的加速，现有的城市社会保障制度和城市贫困人口标准业将进行相应的调整和改革。

2. 与现有的城市社会保障制度存在制度性割裂问题

现有的城市社会保障制度主要是由职工最低工资制度、国有企业下岗职工基本生活保障、失业保险、城市居民最低生活保障制度、养老保险、医疗保险、社会救助等构成的社会保障体系。新构建的城镇扶贫体系如何与现有的社会保障体系进行有效衔接，这方面依然处于探索过程中。

例如，关于城市扶贫责任主体和城市社会保障主体，在青岛市前者的城市扶贫工作主要是由青岛市扶贫协作办的城镇扶贫处负责，而后者主要是由民政局负责。随着城乡统筹扶贫开发工作的推进，两者今后在业务内容上会出现部分交叉和重叠。

3. 政策认知度较低、政策可持续性较弱问题

虽然青岛市西海岸新区于2016年开始了城乡统筹扶贫开发试点和探索工作，但是对于城乡统筹扶贫开发的政策含义、政策内容，相比农村的精准扶贫和精准脱贫政策，社会认知度较低，不利于政策的推广。

此外，现有的农村精准扶贫工程设计了一系列闭环的支持性政策制度，形成了从农村人口的精准识别到扶贫成效的精准考核制度体系，另外，为实现农村精准扶贫政策效用的最大化和溢出效用的最大化，设计了党建扶贫和扶贫作风建设等相关制度，从组织支撑到精神支持，确保了农村精准扶贫政策的落地。但是，有关城市精准扶贫的制度和政策供给不足，造成了政策可持续性较弱。

4. 城乡统筹扶贫开发中的"统筹"不足问题

相比独立的农村精准扶贫和城市扶贫，城乡统筹扶贫开发的最大创新和最大优势在于"统筹"，即扶贫思想的统筹、扶贫制度的统筹、扶贫组织的统筹、扶贫资源的统筹、扶贫效果的统筹等。虽然现在城市扶贫开发借鉴了农村精准扶贫中探索出的产业发展扶贫模式、教育扶贫模式、健康扶贫模式、"行业扶贫、专项扶贫、社会扶贫的大扶贫格局"等经验和做法，但是未能将农村精准扶贫和城市精准扶贫有效统筹。例如，在社会扶贫中的社会组织参与方面，基金会等大型社会组织更多地将资源和关注的重点放在了农村贫困地区，相反，社会组织参与城市扶贫更多依靠的是社工机构等社会服务机构，前者在农村中主要依靠资金工具，后者在城市中主要依靠服务工具。但是，无论是农村贫困问题还是城市贫困问题，都可以归结为经济性贫困、能力贫困、权利贫困等，因此，社会组织在参与脱贫攻坚过程中，需要统

筹考虑城乡贫困问题的相关性。

三、市县案例——青岛市实施城市精准扶贫

2016年以来,青岛西海岸新区在抓好农村精准脱贫工作的同时,把城市贫困人口逐步纳入扶贫帮扶范围,出台了《关于做好城市精准脱贫工作的实施意见》,稳步推进城市贫困人口的脱贫和帮扶工作,区财政投入3795万元,将"城市贫困线+城市低保线"两线合一,对772户1277名城市贫困群众进行精准扶贫。通过完善综合救助、政策扶持,实施养老关爱、集中供养,强化技能培训、就业引导,构建了专项扶贫、行业扶贫和社会扶贫"三位一体"的大扶贫格局,实现了城乡统筹、全域脱贫,打造了全域扶贫的"青岛样板"。

(一)创新识别标准,识别范围进一步精准

一是设定标准。结合实际实行城市贫困线和城市低保线"两线合一",暂定为7440元。

二是精准识别。确定城市贫困户主要对象为居住在城市里的孤老、孤儿,无亲属照料或有亲属无能力照料的失能家庭,家庭成员患重大疾病或重度残疾,且无固定收入,有子女就读的困难家庭以及重大突发性事件引发生活困难的家庭等,并将家庭人均收入在本区低保标准200%范围内的重特大疾病、重度残疾家庭列入精准识别的范围。核查小组逐一排查本辖区内符合条件的贫困户。

三是严格审核。启用居民家庭信息核对系统,对拟列城市贫困户的人口在社保、公积金、工商、税务等部门的数据信息进行了交换比对,24户显示核对异常,最终确定772户1277人作为城市贫困人口。

（二）压实脱贫责任，责任分工进一步精准

一是强化组织领导。成立了区城市扶贫开发领导小组，下设办公室，统筹抓好全区城市扶贫开发工作。建立扶贫工作调度通报和督查制度。

二是加大资金保障。构建与城市精准脱贫任务相适应的财政投入增长机制，区财政追加扶持资金3795万元，用于统筹城乡精准扶贫，为重度残疾、重大疾病患者提供低保补助；为772户城市贫困户全额补贴居民社会医疗保险16.52万元；为1277名城市贫困人员购买意外伤害险和家庭财产险；为101名城市重度残疾贫困人员额代缴居民养老保险费5.05万元；对186名城市贫困人员实施居家养老服务，对13名城市贫困人员实施集中供养，对集中供养的城镇"三无"人员每人每年补助4500元。

三是完善责任分工。建立城市贫困户兜底保障、就业保障、住房保障、教育保障、医疗保障等制度，并逐项分解到区民政、人社、国土房管、教体等部门，明确责任单位、配合单位以及各自责任分工。其中，区民政部门实行兜底保障；人社部门实施就业帮扶、技能培训、失业金救助和创业补贴等措施，通过就业、创业和技能培训，使120名城市贫困人员获得一技之长；先后安排22场招聘会进行就业帮扶，实现68名城市贫困人员再就业；教育部门对城市贫困户学生进行全面摸底排查，对贫困户学生从学前教育到高等教育各阶段均实施相应补助，为152名城市贫困家庭学生发放教育生活补助18.24万元，减免各类学杂费5.6万元。

（三）选准脱贫途径，因人施策进一步精准

一是一户一策精准帮扶。根据致贫原因和脱贫需求，精准分类，

一户一策，精准帮扶。安排32名城市贫困人员从事环卫保洁、交通协管等公益服务。隐珠街道新华路社区贫困人员李晓红，家里母亲重病，哥哥精神残疾，无法外出务工。社区了解到这种情况后，为她提供了一个分发报纸、宣传单的公益性岗位。这样她每月可以给家里补贴一些收入，还能照顾母亲和哥哥，实现了增收、顾家两不误。

二是扩大城乡低保范围。低保对象之外的，人均收入在本区低保标准200%范围内的家庭中，无生活自理能力和固定收入的成年重度残疾人或患有恶性肿瘤、尿毒症、白血病以及其他重大疾病患者，可以以个人名义单独申请城市低保，每月发放全额低保金的50%。这使更多的贫困家庭纳入"托底"保障范围，在青岛乃至全省尚属首创。

三是强化就业扶持保障。优先推荐参加创业培训、就业技能培训，对不符合低保条件的48户开展业务技能培训和劳动就业转移培训，对通过初次职业技能鉴定并取得相应证书的，给予最高不超过1800元一次性职业技能鉴定补贴。同时，对符合自治区区农贸市场经营条件的贫困户，在入驻市场正常经营满一年后，持市场经营摊位收费票据每个摊位可申领2400元/年的财政补贴。

四是创新精神扶贫举措。通过全区社会治理信息系统和"智慧黄岛"数字地理信息平台，统筹调动医疗卫生、包村帮扶、居家照料、志愿服务等扶贫资源，实行社会治理网格员"一对一"帮扶，打造"真情守望、贴心帮扶"精准扶贫网格化管理品牌。在此基础上，强化动态管理、完善长效机制，在红石崖等城市街道探索试点"百分之一"长效扶贫计划，每年确定1%比例的相对贫困户，依托产业项目、公益岗位、医疗救助等城市优势，按照贫困户年度脱贫标准，实行"滚动式"脱贫，实现"扶贫路上，不让一个人掉队"的目标。

第五章
缓解相对贫困的实践探索与理论创新

一、实践背景

自实施脱贫攻坚以来，各地全面贯彻落实精准扶贫、精准脱贫的基本方略，我国扶贫工作取得了明显的成绩，实现了联合国制定的千年发展目标中的减贫目标（MDGs）。2013年至2016年，我国现行标准下（2010年不变价为2300元）的农村贫困人口由9899万人减少至4335万人，农村贫困发生率由10.2%下降至4.5%。截至2017年底，全国剩余的贫困人口在3000万左右，堪称"迄今人类历史上最快速度的大规模减贫"。贫困地区人民生产生活条件明显改善，贫困群众获得感明显增强，这为2020年全面建成小康社会打下了坚实基础，为实施乡村振兴战略提供了有力保障。为确保打好脱贫攻坚战，根据党中央的决策部署和脱贫攻坚的形势变化、工作进展情况，扶贫工作将实现从注重全面推进帮扶向更加注重深度贫困地区脱贫攻坚转变，从注重减贫速度向更加注重脱贫质量转变，从注重找准帮扶对象向更加注重精准帮扶稳定脱贫转变，从注重外部帮扶向注重外部帮扶与激发内生动力并重转变，从开发式扶贫为主向开发式与保障性扶贫并重转变。[1]

同时也要看到，即使全面完成脱贫攻坚任务，中国长期处于社会主

---

[1] 《刘永富：脱贫攻坚战由"打赢"向"打好"转变》，中国经济网，http://tuopin.ce.cn/zg/201801/05/t20180105_27596533.shtml。

义初级阶段的基本国情仍没有变,还会有较多的低收入人口,他们的收入水平也只是略高于基本需求。如表5-1所示,在2016年农村人均可支配收入五等分分组中,最低收入组(收入最低的20%人口)的平均收入仅3006.5元,比该年的全国贫困线(2952元)并没有高多少,一旦有波动,这部分群体(至少15%)容易陷入贫困。另外一个值得注意的现象就是农村居民内部的收入差距在进一步扩大。2005年最高收入组与最低收入组平均收入比是7.2倍,2016年,这一差距扩大到9.5倍。因此,解决过大的收入差距和相对不平等是下一阶段解决相对贫困问题的一个重要任务。

表5-1 中国五等分分组的农村人均可支配收入

单位:元

	2005年	2010年	2011年	2012年	2014年	2016年
最低收入组	1067.2	1869.8	2000.5	2316.2	2768.1	3006.5
次低收入组	2018.3	3621.2	4255.7	4807.5	6604.4	7827.7
中间收入组	2851	5221.7	6207.7	7041	9503.9	11159.1
次高收入组	4003.4	7440.6	8893.6	10142.1	13449.2	15727.4
最高收入组	7747.4	14049.7	16783.1	19008.9	23947.4	28448.0
最高组/最低组	7.2	7.5	8.4	8.2	8.6	9.5

资料来源:中国统计年鉴。

山东省作为全国经济相对发达的省份,"在全面建成小康社会进程中走在前列",这是习近平总书记考察山东时对扶贫工作提出的要求和目标定位。按照中共中央办公厅、国务院办公厅印发的《关于建立贫困退出机制的意见》和《中共山东省委山东省人民政府关于贯彻落实中央扶贫开发工作部署坚决打赢脱贫攻坚战的意见》精神,山东省结合自身经济社会发展条件和贫困现状，出台了25个专项实施方案和23个工作意见，形成了"1+25+23"脱贫攻坚政策体系，要求省定扶贫标准（2010年不变价为3000元）以下农村贫困人口和扶贫工作重点村在2018年以前有序退出。随着绝对贫困人口大幅度减少或绝对贫困现象基本消除，扶贫工作也逐步由主要解决绝对贫困向主要缓解相对贫困转变，由主要解决农村贫困向统筹解决城乡贫困转变。全面建成小康社会之后，我国现行标准下贫困人口将全面脱贫，但相对贫困将长期存在。我国扶贫工作进入减少相对贫困人口的发展阶段。青岛、淄博、东营、威海四市率先于2016年基本完成脱贫任务，各地也在积极探索建立稳定脱贫长效机制来缓解相对贫困问题，总结这些减贫经验和典型案例对指导全国脱贫工作具有重要的理论价值和现实意义。

二、相对贫困的概念界定

（一）对贫困的理解

作为一种伴随人类社会发生、发展的复杂社会经济现象，贫困问题长久以来一直是学术界、各国政府以及国际机构关注的核心议题。世界银行将贫困定义为"贫困不仅指物质的匮乏（以适当的收入和消费概念来测算），而且还包括低水平的教育和健康，包括风险和面临风险时的脆弱性，以及不能表达自身的需求和影响力"。穷人缺乏获得基本必需品——衣、食、住以及可接受的健康和教育水平——所必需的收入和资产。贫困不仅仅是"吃不饱饭"的问题，而是涉及人们生活的各个层面，除了吃之外，还包括穿、住、行，包括教育、医疗、社会交往，等等。[①]而这些共识的形成主要来自人们对贫困的进一步认识，这也是反贫困研究的基础和前提。

贫困本身是程度的概念，从认知主客体、贫困致因、贫困表现、贫困周期等不同角度，对贫困的理解包括众多的概念范畴。从认知的差异性看，贫困是相对意义上的贫困，即贫困具有相对性。在众多的理解中，相对贫困与绝对贫困是与社会公认的基本需求相联系的贫困概念，但两者又存在明显的差异。深刻把握相对贫困与绝对贫困的内涵，是需要进一步探讨的重要内容。

（二）对相对贫困与绝对贫困的理解

从经济学的视角看，贫困通常被划分为三类：赤贫、生存贫困和相对贫困。简化为两种形式，即绝对贫困和相对贫困。绝对贫困是指家庭或个人收入不足以支付基本生活需求的一种生存状态，而相对贫困则是指一个人或家庭的收入低于社会平均收入水平达一定程度时所维持的生活状态。绝对贫困一般是按照基本需求不足来确定，相对贫困则按照一定的最低百分比确定，在比较多的情况下相对贫困标准高于绝对贫困标准。经济合作与发展组织（OECD）在1976年组织了对其成员国的一次大规模调查后提出了一个贫困标准，即以一个国家或地区社会中位收入或平均收入的50%作为这个国家或地区的贫困线，这就是后来被广泛运用的国际贫困标准。当前，世界银行将收入低于社会平均收入的1/3(或约33%)的社会成员视为相对贫困人口，部分国家将低于平均收入40%的人口归于相对贫困人口。

相对贫困与绝对贫困也是社会上广泛使用的社会概念。第一，两

---

① 中国发展研究基金会：《发展中消除贫困中国》，中国发展出版社2007年版。

者是一个"程度的"概念，绝对贫困是"真的"贫困，相对贫困是"比较"贫困（比较相对富裕的情况），相对贫困是比绝对贫困程度浅的贫困状态。第二，两者是一个"先后阶段性"的概念，但即使在相对贫困阶段，也会存在绝对贫困，只是比例较小而已。目前，我国的减贫工作仍是在消除绝对贫困，解决的主要是生存问题，2020年以后反贫困的重点转向相对贫困，解决的主要是发展、共享的问题。相对贫困是指社会成员相对于当时、当地大多数社会成员的生活水平而言，处于最低的生活标准，是在吃饭、穿衣不成问题之后进一步发展过程中存在的贫困。

相对贫困与绝对贫困，本身是相对的。贫困不再是基于最低的生理需求，而是基于社会的比较，即相对贫困。改革开放40多年来，虽然我国农村绝对贫困问题已大为缓解，但绝对贫困的缓解并不等于消除贫困。如果说绝对贫困纯粹是物质上的或者经济意义上的最低生理需要，是一种生存临界状态，那么相对贫困则包含了更高层次的社会心理需要，是一种与某参照群体比较后的落后和收入下降状态。因为相对贫困不仅是指收入分配处于底层，也是指在一个社会中所处的地位低下。相对贫困关心对资源的最低权利，人们要求有权得到一个最低收入。[①]国际上，普遍采用基尼系数来定量测定收入分配差异程度，反映一个国家和地区的相对贫困状况。相对贫困没有客观标准，只有主观标准。倘若贫困标准定低一点就容易实现脱贫目标，脱贫标准定高一点就不容易实现脱贫目标。

---

① 王卓：《中国现阶段的贫困特征》，《经济学家》2000年第2期。

（三）相对贫困人口及其特征

任何社会都存在一部分生活在社会最底层的人。如发达国家英国确定贫困人口的比例是 18%，日本将最低的 20% 住户确定为贫困人口等做法，都是相对贫困的概念范畴，[①] 也体现了对贫困的程度认知。欧盟国家就社会贫富标准划定界限，新的贫富分界岭有 13 项考核标准，主要包括：应对家庭的意外支出能力，是否每年具有外出旅行一周的能力，是否具有购买房产和租房的压力，生活中是否能够吃好、穿好和住好，家庭中常用的电器设备是否齐全，家庭成员是否有新衣服、新鞋，家庭是否拥有车辆，是否拥有互联网和设备，家庭是否能定期参与娱乐活动，家庭是否具有能力每月和亲友举行一次聚会，等等。根据规定，13 项考核指标中，凡 5 项不达标者，均被列为生活在贫困线以下的人。按照这一标准，生活在贫困线以下人口比例最高的国家是罗马尼亚，贫富各占 50%，而生活在贫困线以下人口最少的国家是瑞典，仅为 3%。[②]

综上所述，相对贫困具有如下特点：一是动态性，扶贫标准随着经济发展、居民收入水平以及社会环境的变化而变化；二是不平等性，其展现了不同社会成员之间的分配关系；三是相对性，它处于一个变化着的参照系之中，比较对象是处于相同社会经济环境下的其他社会成员主观性，其设定依赖于研究人员对不同国家或地区的主观判断。[③]因而，无论是发达国家（或地区）还是欠发达国家（或地区），反贫困

[①] 胥爱贵：《探索建立缓解相对贫困的长效机制》，《江苏农村经济》2017 年第 11 期。

[②] 中国新闻网：《欧洲重新界定贫富分界岭：意大利穷人最多瑞典最少》，见 http://finance.china.com.cn/news/20171225/4485006.shtml。

[③] 陈宗胜、沈扬扬、周云波：《中国农村贫困状况的绝对与相对变动——兼论相对贫困线的设定》，《管理世界》2013 年第 1 期。

工作都应该树立一种理念，始终以占总人口一定比例、处于收入低端的低收入人口（低收入群体）作为帮扶对象。

三、主要做法及启示

（一）主要做法

山东省的贫困结构特征与党的十九大报告中指出的我国社会的主要矛盾已经转化为人民日益增长的美好生活需要和不平衡不充分的发展之间的矛盾这一重大判断是一致的。为打赢脱贫攻坚战，山东省结合自身经济社会发展条件和贫困现状，坚持精准扶贫、精准脱贫的基本方略，有针对性地提出多项政策措施，通过建立扶贫长效机制来解决贫困问题。

1. 分层次界定贫困概念，分类制定绝对贫困和相对贫困针对性政策

相对贫困是一个模糊的概念，有的地方是按贫困线来划定，有的地方是按收入比例来划定，这都体现了对贫困的程度认知。虽然在正式政策层面很少提到"相对贫困"，但青岛却用不同的概念来表达"相对贫困"的含义，包括低收入人群、经济薄弱村等提法，实现了对帮扶对象（人口、村庄）的多层次设计。比如，"人均4600元"和"两个好、四保障"（吃好、穿好，义务教育、基本医疗、住房安全和养老有保障）的市定扶贫标准，已大大超过国家扶贫线和"两不愁三保障"的绝对贫困标准。青岛市不但精准识别省定贫困村，对市定经济薄弱村也有识别要求。在脱贫攻坚战中，要求举全市之力完成市定标准下贫困人口全部脱贫、省定贫困村和市定经济薄弱村全部脱贫摘帽的任务。

在帮扶措施上，青岛市构建起"2+27+X"扶贫政策体系，制定实施了《青岛市"十三五"脱贫攻坚规划》，着力打造全域扶贫的"青岛样板"。市财政对200个省定贫困村、310个市定薄弱村每村每年分别安排40万元、30万元专项扶贫资金；对有劳动能力和生产需要的贫困人口每人每年补助5000元生产发展资金，通过"公司+农户"统一授信、"公司担保+农户贷款"等方式支持新型农业经营主体帮扶贫困户实现脱贫。将贫困(薄弱)村提升纳入美丽乡村建设，开展"千企帮千村"活动，聚力贫困(薄弱)"五通十有"建设，加强路、水、电、网等基础设施及镇村社区服务体系建设。推进农村低保与扶贫政策相衔接，已将1.6万名符合条件的贫困人口全部纳入低保兜底，低保标准每月提高到660元。

德州市2018年累计脱贫100405人，755个贫困村全部摘帽。脱贫攻坚以来，这些地方一直在用帮扶绝对贫困的力度来帮扶相对贫困，涉及省定贫困人口、扶贫工作重点村，已取得了较好的成绩。比如，启动了"村庄沉睡资源利用"工程，通过整合贫困村的空宅基、闲散地、边角地、废坑塘、旧场房、好风景等资源，发展特色产业，既确保贫困户享受分红受益，有劳动能力的贫困人口能获取务工收入，又壮大了集体经济，改变了经济薄弱村的整体面貌。

在开展精准扶贫精准脱贫工作的同时，还有相当的措施也关注低收入群体。这样做，不仅可以事半功倍，避免低收入农户滑入贫困从而产生新的贫困人口，更重要的是创造有利于精准扶贫的农村社区环境，可以弱化因建档立卡工作形成的社区内部矛盾，促进贫困农民间的互帮互助，为贫困农户建立可参照的脱贫样本，动员农村社区自身力量推进扶贫工作。①比如，乐陵市探索了"扶贫专岗"模式，通过政府为有劳动意愿但劳动能力较弱或因其他原因不能外出务工的人员，专门开发设置的互助养老、互助托幼和互助助残等专业岗位，为深度贫困的老弱病残幼群体提供日常照料、就医护理、助残服务、代办事项、情感疏导等有偿服务。既让上岗人员实现就近就业脱贫，又使深度贫困群体实现脱困。

2. 建立适应相对贫困工作要求的扶贫机构和政策体系

青岛市扶贫办成立了城镇扶贫处，跳出农村，把城市贫困人口纳入扶贫帮扶范围。为解决因病致贫的难题，青岛市构建了基本医保、大病保险、补充保险、社会救助、慈善救助等多层次医疗保障体系，实施患病人口分类救治和健康扶贫"八个一"工程，贫困人口自付医疗费降至5%以下。西海岸新区制定实施农村贫困人口医疗救助工作实施方案，对贫困人口参保实行"低档缴费标准，高档医疗待遇，财政两次补助，个人费用全免"，对农村贫困人口住院或门诊大病经医疗救助、民政救助后，个人负担的医疗费用(包括起付线)按照90%的比例进行救助，个人负担医疗费用仅占医疗总费用的0.81%。

在城市扶贫工作中，青岛市广泛运用了小额贷款等政策手段促进相对贫困群体的就业。同时，也积极探索资产收益等在城市更有效的扶贫手段。2016年，青岛市西海岸新区出台了《关于扶贫专项资金购买商业资产的实施意见》，将2016—2018年65个贫困薄弱村扶贫专项资金每年共3550万元，用于购买国企黄岛发展集团优质商业资产，由国企富民公司售后承租，兜底保障8%收益率，可确保村集体年收入达

---

① 左停：《防止农村低收入群体滑入贫困》，《中国党政干部论坛》2017年第1期。

10万元以上。

3. 有效保障剩余绝对贫困人口帮扶力度

为提高贫困群体防范和化解风险能力,山东省扶贫办等6部门联合制定了《山东省2017年度扶贫特惠保险实施方案》,省统筹安排各级资金,为建档立卡贫困人口购买扶贫特惠保险,包括医疗商业补充保险、意外伤害保险、家庭财产保险,用于保人身、保意外、保收入。对建档立卡贫困家庭学生,从学前教育到高等教育实行资助全覆盖,构建起多层次、全覆盖的建档立卡资助体系。省里统筹资金3.01亿元,资助贫困家庭学生20.3万人。"雨露计划"培训项目按每生每年3000元标准,补助贫困家庭学生1.7万人。比如,德州市庆云县探索了"三帮一"帮扶机制,通过爱心人士帮钱、干部帮心、教师帮智三方力量来解决贫孤学生"上学难"的问题,阻断贫困的代际传递。

提高教育水平可以改善医疗卫生状况,改善医疗卫生状况又可以增强人们获取收入的潜力。提供安全网则使穷人得以从事更高风险、更高回报的活动。这些手段包括医疗保险、老年援助和养老金、失业保险、工作福利计划、社会基金、小额贷款计划以及现金转移支付。青岛通过资产收益、民政低保、实物供给、邻里互助四种方式对老弱病残特困群体进行兜底保障。如对行动不便和无法外出的老年人、残疾人,尽可能提供生活用品,满足他们的基本生活需要,提高其生活质量。德州在农村社区建立135个"四点半课堂",辐射240多个社区(村),解决留守儿童午休、晚饭照管等问题。

对剩余的绝对贫困人口的救助工作从生存性救助向发展型救助转变,通过开展助学、助困、助医、助老、应急救助等慈善救助活动,关爱老年人、残疾人和未成年人等群体,在力所能及的范围内,增强其社会融合感，激发其内生动力。比如：青岛市即墨区在13个乡镇专门设立了扶贫救助中心，引入救助消费券的方法（积分卡兑换、发放扶贫爱心券或爱心卡）对困难群体进行实物救助，提升了救助效果，减少了其他群体的攀比，促进了慈善资源的有效利用；也通过慈善资源实物代销的方法，提升困难群体的自我发展能力。

一些地方还把以"孝"为中心的文化扶贫作为应对解决老年贫困的重要手段，采取了诸如"匹配奖励资金"等激励性政策鼓励子女尊老、养老、孝老。比如，鄄城县创立"孝善基金"扶贫模式，出台了《鄄城县开展"孝善扶贫"工作实施方案（试行）》，针对70周岁以上贫困老年人，按每月每人100元的标准，向其子女收取赡养金，这是孝善基金的主要来源。"孝善基金"一季度一收，一月一返，县财政补贴10%。此外，个别地方还通过政府购买服务或社会爱心捐助等形式，聘请贫困妇女为养老护理员，结对帮扶失能贫困老年人，为他们提供烧菜做饭、卫生清扫、拆洗衣被、陪护就医等日常护理照料服务。

4. 初步形成了以促进就业为中心的发展型的缓解相对贫困的体系

（1）在帮扶和发展理念上，对极少数的绝对贫困人口加强社会保护，同时对大量的相对贫困人口坚持以"发展"为导向。由于开发式扶贫政策边际效应不断递减，扶贫资源难以惠及全部扶贫对象，需要更好地发挥社会保障特别是最低生活保障等社会救助制度的兜底功能，为其构建最后一道社会安全网。而对于大量的相对贫困人口，扶贫工作坚持以"发展"为导向，以市场为依托，不断增强扶贫对象自我发展的能力，激发困难群体的内生动力。

青岛市立足于农村相对贫困人口的增收，牢牢把握产业发展、转移就业两大重点，实施特色"种养加"和旅游、电商、光伏扶贫项目，探索"产业服务+扶贫""旅游开发+扶贫"等模式。注重创新培训方式，加大精准培训力度，对所有具有劳动能力并愿意学习技能的农村贫困人口进行免费培训。对就业困难人员，组织村企结对，发展手工工艺、来料加工等，实现就地就近转移就业。通过政府购买部分公益岗位，安排农村贫困人口就业。增强农业新型经营主体扶贫带动作用，通过"产业园区+""龙头企业+""合作社+""订单农业"等模式，吸纳务工就业、土地流转入股、财政投入折资、集体参与分红等方式，带动农村贫困人口稳定脱贫。2017年，实施产业项目213个，已实现年收益1700万元，399个贫（弱）村实施收益分红项目323个，平均年资产收益率8%以上。

（2）在措施方面，实施并强化能力建设、就业促进、产业发展、城乡统筹、产权和市场意识培育等多种具体举措。通过"互联网+"模式，搭建农副产品、服饰、家具等加工制作服务平台，发展电子商务产业。曹县县财政每年安排专项引导资金300万元，通过政府奖励、补贴、贴息等方式用于支持农村电商培训以及企业、平台、园区建设。截至2019年6月，全县共有淘宝镇15个、淘宝村124个、网店5万余家，从业人员20万人，其中5万人为返乡创业人员。

青岛市树立"造血式扶贫"的理念，用扶贫专项资金在城区购买商业资产，有效提高了资金资源的优化配置。这一做法，既能增加贫困村、经济薄弱村集体收入，又能有效规避各种风险，确保对贫困人口"兜住底"。莱西市对有劳动能力的贫困人口，通过纳入产业化经营链条、推进转移就业促进增收脱贫。对无劳动能力的，把财政扶贫资金和其他涉农资金形成的经营性资产，折股量化、持股分红，实现保底收益。

依托市场，培训新型经营主体，创造更多的就业岗位。产业发展要有长远规划，注重"长短"结合，实现困难群众可持续增收。要选好产业，找准增收路子，通过专业合作组织、龙头企业和产业大户的引领带动，帮助贫困群众发展致富。比如莱西市店埠镇主要依靠青岛前后屯胡萝卜专业合作社的组织优势和两万亩国家现代农业园的产业优势，共流转24个村庄500余亩土地（其中流转贫困户土地104.27亩）。

5. 充分发挥村社集体和社区作用，结合实际需求，推行扶贫项目和减贫措施

除了光伏发电、资产收益、电子商务、扶贫车间、旅游产业等扶贫模式外，一些地方还利用扶贫项目收益鼓励"邻里互助"。针对村庄老弱病残贫困户最关心、最迫切、最实际的需求，青岛市即墨区创立了"邻里互助"模式，鼓励部分不能外出务工的贫困户与生活不能自理的老弱病残贫困户结成对子，通过打扫卫生、洗衣服等形式提供居家服务，村庄利用扶贫项目收入每月给予帮助方200—300元的补贴，既实现了互惠互利，又提高了收益循环使用效益。

聊城市着力推广"贫困户邻里互助护理"模式，出台了《关于开展"贫困户邻里互助护理"工作的实施意见》，要求实现399个省定重点贫困村全覆盖。为确保贫困户邻里互助护理工作顺利开展，各县（市、区）成立了"贫困户邻里互助护理"工作领导小组，由分管领导任组长，县（市、区）扶贫办牵头负责，卫健、人社、民政等有关部门为成员单位，明确各自分工，构建协作机制。由驻村干部、村"两委"干部定期组织，对护理人员进行满意度测评，并根据测评结果，对尽职尽责、护理态度好的护理人员发放补贴（150—300元/月）。被护理对象为建档立卡贫困群众中的"三类人群"，即：无人照顾或家庭照顾能力不足的残疾、重病、智障等特殊贫困人员；子女不在身边、行动不便的"空巢"老人；父母不在身边、其他监护人照顾能力不足的留守儿童。截至2017年8月，聊城市共建立贫困户邻里互助护理点527处，3931名老弱病残贫困群众得到照料护理。

（二）对全国脱贫工作的启示

1. 从贫困者能力提升和机会获取的角度达到扶贫效果

阿马蒂亚·森认为贫困的实质不是收入的低下，而是可行能力的贫困。收入的不平等、性别歧视、医疗保健和公共教育设施的匮乏、高生育率、失业乃至家庭内部收入分配的不均、政府公共政策的取向等因素都会严重弱化甚至剥夺人的"能力"，从而使人陷入贫困之中。通过充分注重培养当地贫困人口的专业发展能力提升，增加劳动力转移及就业获取的渠道和机会，能够有效提升贫困地区的内生发展能力。

2. 培育良好的减贫发展环境和条件

通过市场和非市场的行动的结合，刺激地方经济全面增长，使贫困人口积聚资产并且提高其资产的回报以扩大穷人的经济机会。"想发展、敢发展和能发展"是相对贫困人口脱贫机制的三个条件。政府应该采取措施，确保贫困人口能够享有资源（基础设施和公共服务等），并提供更多的服务平台（农副产品、教育、养老、护理等），鼓励贫困人口参与其中，培育其自身的发展能力和独立性，真正实现可持续脱贫。

3. 减贫是集经济和政治于一体的综合性问题

促进赋权，使国家制度对贫困人口更负责、对其需要作出及时反应，加强贫困群众在政治进程和地方决策中的参与，扫清造成不同群体之间差距的障碍。稳健而具有反应力的长效机制，不仅可以使贫困群众从中受益，对于经济增长也具有至关重要的意义。此外，对穷人的赋权有助于保障他们的发展权与社会保障权，这是贯彻落实习近平总书记以人民为中心的发展理念的体现。

4. 引入社区发展理念，提升贫困人口在扶贫开发中的参与度，继而提升自我发展的潜在机会和积极性

因为农村社区是一个熟人社会，它的内部易形成一种内生力量。这种力量能带动社区内部互助性以及激发贫困群体的自主性。因此，政府在主导外力开展扶贫工作的同时，要注重激发贫困村和贫困户的脱贫原动力，帮助或引导他们通过自力更生摆脱贫困。

5. 实现包容性增长，创造就业机会和促进生产率提高

通过对教育和健康等基本社会服务的充分投资，开发人类能力。提供社会安全网和目标干预，帮助那些易受伤害的人群。通过扶贫或益贫、生产性就业、提升人力资本能力和加强社会保障等途径，使贫困人口在国家政策扶持和自身能力提高中，均衡分享社会财富，有尊严和体面地生活。

6. 通过社会保障机制实现社会再分配是解决相对贫困问题的基本手段

加强社会保障，可以减少经济危害、经济灾难、政策导致的混乱、自然灾害和暴力给贫困群众造成的伤害，以及在他们受到伤害时帮助他们应付不利的冲击。为降低农户在生产生活中面临的各种风险，要充分发挥保险业（包括社会保险、商业保险、农业保险等）在扶贫中的保障作用，满足贫困人口多元化的保险需求，有针对性地开发一些与贫困人口需求相匹配的扶贫保险产品。

7. 关注低收入群体的生活状态，降低"亚健康"群体掉入贫困陷阱的风险

为了打好脱贫攻坚战，扶贫工作除了瞄准建档立卡贫困户，还要特别关注农村低收入群体（尤其是老弱病残群体）的增收问题，防止他们增收乏力甚至歉收，形成新的贫困群体。另外，关注低收入人群也可以积累建档立卡贫困户脱贫之后的避免返贫、稳定脱贫和致富发展的宝贵经验，这对于巩固脱贫攻坚成果、实施乡村振兴战略具有十分重要的意义。

四、需通过深化改革解决的问题

（一）以点带面，增强对相对贫困问题的思考研究

对相对贫困和绝对贫困的理解是一个复杂的过程，中国的贫困问题在不同地区的表现也是很不平衡的，相对贫困与绝对贫困具有一定时序性、层级性，但同时也是交错在一起的。即使在中西部地区甚至深度贫困地区，相对贫困和绝对贫困现象也会同时存在，解决绝对贫困是主要矛盾和矛盾的主要方面。积极开展对相对贫困问题的研究，提早做好应对，本身也是扶贫工作精准性的内在要求。

（二）综合考量，提升群体与地区之间的相互扶持和互动性

山东特别是青岛应对相对贫困的经验是在城乡一体的基础上，对贫困人口进行分层次、区别化的帮扶。从全国层面来说，在聚焦贫困人口的同时，也要关注低收入人口或临界人口，防止他们因为一些原因陷入贫困，一个社区内的不同层次人口也需要在产业经济和社会领域上相互协作。贫困群体需要社区"领头人"的带动，因此在聚焦贫困群体的同时，也要注意对农村脱贫带头人的培育与支持。

（三）拓宽扶贫渠道，增强贫困人口内生发展动力

青岛市对少数"剩余"绝对贫困人口以坚实的保障性政策帮扶为主，而对大量的相对贫困人口以灵活的就业促进、融入发展的产业帮扶为主，对于一些中间群体（具有一定的体力劳动能力但市场经营能力不足），有计划地提供公益性岗位。公益性岗位政策倡导扶贫对象通过积极的劳动行为换取救助，旨在通过积极地发展型社会救助，缓解贫困问题，能有效降低救助对象的福利依赖。比如通过以工代赈、公益性岗位、有条件转移支付、订单加工等，支持一些具有劳动能力但经营风险大的贫困人口脱贫发展，形成开发性扶贫和保障性扶贫并举的扶贫格局。

反贫困特别是解决相对贫困是一项长期的工作。要正视中国长期处于社会主义初级阶段的基本国情，很多农民的收入水平不高也不稳定，要把反贫困工作常抓不懈，并把好的措施制度化、机制化。从全国来看，随着脱贫攻坚的深入，一部分贫困人口会顺利脱贫，这部分群体的脱贫并不稳定，要继续给予支持，提供可持续的发展环境。对于有劳动能力的贫困人口，要以促进就业或融入地方产业发展为重点；对于没有发展能力或者发展能力不足的深度困难群体，要提高救助标准，使得他们能够过上具有基本尊严的生活。既立足解决绝对贫困、深度贫困，又着眼中长期的相对贫困与可持续发展脱贫，形成开发性扶贫与保障性扶贫并举的反贫困格局。

五、市县案例

（一）解决相对贫困：青岛市案例

1. 青岛市明确缓解相对贫困的时代定位和工作定位

山东省是全国经济相对发达的省份，与中西部省份不同，山东没有国家级贫困县，其贫困人口所占的比例总体偏低，且集中在少部分地区。截至2015年底，全省省定扶贫标准（2010年不变价为3000元）以下农村贫困人口有121万户242万人，主要分布在鲁西南地区（菏泽、临沂等地）。这些贫困人口呈"插花式"分布，"两不愁三保障"问题基本解决，具有相对贫困的特点。他们与其他农户的差别主要体现在生活的水平和质量高低上，散户、小户多，老龄化问题较突出，因病因残致贫比重较高等。

"在全面建成小康社会进程中走在前列"，这是习近平总书记考察山东时对扶贫工作提出的要求和目标定位。为打赢脱贫攻坚战，山东结合自身经济社会发展条件和贫困人口现状，坚持精准扶贫、精准脱贫基本方略，有针对性地提出多项政策措施。青岛、淄博、东营、威海四市率先于2016年基本完成脱贫任务，实现省定贫困人口脱贫。青岛市作为山东的经济发达区，随着扶贫工作任务由主要解决绝对贫困向缓解相对贫困转变，由主要解决农村贫困向统筹解决城乡贫困转变，对贫困的理解也逐渐深入。目前，青岛在积极探索通过建立稳定脱贫长效机制来缓解相对贫困问题方面走在了全省全国前列。

2. 提出了不同层次的可操作的贫困概念，妥善设置面向绝对贫困和相对贫困不同政策

虽然在政策层面，很少提到"相对贫困"，但青岛却用不同的概念

来表达"相对贫困"的含义,包括低收入、经济薄弱等提法,实现了帮扶对象(人口、村庄)的多层次设计。"人均4600元"和"两个好、四保障"(吃好、穿好,义务教育、基本医疗、住房安全和养老有保障)的市定扶贫标准,已大大超过国家扶贫线和"两不愁三保障"的绝对贫困标准。青岛市不但精准识别省定贫困村,还对市定经济薄弱村有识别要求。在脱贫攻坚战中,要求举全市之力完成市定标准下贫困人口全部脱贫,省定贫困村和市定经济薄弱村全部脱贫摘帽的任务。

3. 初步形成了以促进就业为中心的缓解相对贫困的发展理念

(1)在帮扶和发展理念上,青岛市对极少数绝对贫困人口加强社会保护,同时对大量相对贫困人口坚持以"发展"为导向。青岛市立足于农村相对贫困人口的增收,牢牢把握产业发展、转移就业两大重点,实施特色"种养加"和旅游、电商、光伏扶贫项目,探索"产业服务+扶贫""旅游开发+扶贫"等模式。创新培训方式,加大精准培训力度,对所有具有劳动能力并愿意学习技能的农村贫困人口进行免费培训。对就业困难人员,组织村企结对,发展手工工艺、来料加工等,实现就地就近转移就业。通过政府购买部分公益岗位,安排农村贫困人口就业。增强农业新型经营主体扶贫带动作用,通过"产业园区+""龙头企业+""合作社+""订单农业"等扶贫模式,吸纳务工就业、土地流转入股、财政投入折资、集体参与分红等方式,带动农村贫困人口稳定脱贫。

(2)在具体举措上,注重强化能力建设、就业促进、产业发展、城乡统筹、产权和市场意识培育。搭建农产品、手工艺品等电子商务平台,开展电子商务。产业发展做好长远规划,注重"长短"结合,实现困难群众可持续增收。选好产业,找准增收路子,通过专业合作组织、龙头企业和产业大户的引领带动，帮助贫困群众发展致富。政府在主导外力开展扶贫工作的同时，特别注重激发贫困村和贫困户的脱贫动力，帮助或引导他们通过自力更生摆脱贫困。

4. 稳固提升对剩余绝对贫困人口的帮扶质量

青岛市统筹安排各级资金，为建档立卡贫困人口购买扶贫特惠保险，包括医疗商业补充保险、意外伤害保险、家庭财产保险，用于保人身、保意外、保收入。对建档立卡贫困家庭学生，从学前教育到高等教育实行资助全覆盖。对老弱病残特困群体，通过资产收益、民政低保、实物供给、邻里互助四种方式进行兜底保障，如对行动不便和无法外出的老年人、残疾人，尽可能提供生活用品，满足他们的基本生活需要，提高其生活质量。

对剩余的绝对贫困人口的救助工作从生存型救助向发展型救助转变，通过广泛开展助学、助困、助医、助老、应急救助等慈善救助活动，关爱老年人、残疾人和未成年人等群体，在力所能及的范围内帮扶受救助对象，增强其社会融合感，激发其内生动力。例如，青岛市一些地方引入救助消费券的方法对困难群体进行实物救助，提升了救助效果，减少了其他群体的攀比，促进了慈善资源的有效利用；还有通过慈善资源实物代销的方法，提升困难群体的自我发展能力。

此外，青岛市还把以"孝"为中心的文化扶贫作为应对解决老年贫困的重要手段，采取了诸如"匹配奖励资金"等激励性政策鼓励子女尊老、养老、孝老。通过政府购买服务或社会爱心捐助等形式，聘请贫困妇女为养老护理员，结对帮扶失能贫困老年人，为他们提供烧菜做饭、卫生清扫、拆洗衣被、陪护就医等日常护理照料服务。

（二）解决相对贫困：鄄城县的就业扶贫模式

我国以农业资源开发为中心的开发式扶贫对解决绝对贫困发挥了重要作用。进入解决相对贫困阶段，以农业资源为中心的开发式扶贫的作用也受到农业资源本身的有限性制约，以人力资源开发为核心的就业促进成为解决相对贫困问题的主要手段。山东省菏泽市在打赢脱贫攻坚战过程中，最大限度地挖掘贫困人群的人力资源潜力，始终把贫困人口的就业作为脱贫工作的主要途径，在就业扶贫领域进行了多种前瞻性的探索，不仅对当前的脱贫工作提供了很好的经验，对未来解决相对贫困问题的政策制定也有重要的借鉴作用。

1. 基本概况

菏泽市位于山东省西南部的黄河冲积平原上，是全省省定贫困人口最多、脱贫任务最重的地区。2015年共识别出省定贫困人口91.5万人，占到全省贫困人口总数的37.7%。截至2016年底，省定贫困人口22万户46.03万人（其中国标以下8.89万户18.55万人），占到全省贫困人口总数的51.2%。全省20个脱贫任务比较重的县、200个重点扶持乡镇、2000个扶贫工作重点村，菏泽分别占9个（牡丹、曹县、单县、成武、巨野、郓城、鄄城、定陶、东明，8县1区）、117个、1480个。

为了坚决打赢脱贫攻坚战，菏泽举全市之力加快推进扶贫工作，建立稳定脱贫长效机制。扶贫车间的做法是菏泽结合自身实际，创新性地采取一系列接地气的重要扶贫措施之一。它被纳入中央政治局第39次集体学习参阅的12个精准扶贫案例之一，受到中央领导的肯定。2017年9月，全国扶贫车间现场会在菏泽召开，扶贫车间作为"菏泽经验"向全国推广。劳动密集型企业与就业扶贫结合起来的经验做法，对中西部地区脱贫攻坚工作具有借鉴意义。

2. 鄄城县率先推出了"扶贫车间"模式

扶贫车间是建在乡、村，以不同类型的建筑物为平台，以产业扶贫为载体，以解决贫困群体家门口就业为宗旨，从事工业、农产品初加工、手工业、来料加工等劳动密集型产业，实现贫困群众挣钱顾家两不误的生产活动场所。

穷则思变，这是亘古未变的社会发展真理。扶贫车间这一创新探索源于人民群众的实践，经历了1.0"小窝棚"、2.0加工点、3.0扶贫车间、4.0扶贫车间升级版四个阶段。

1.0阶段。群众自发从县内发制品、户外家具等劳动密集型企业领来原料，在自己家里或搭建的"小窝棚"里进行加工，每月收入在五六百元、七八百元不等，多的收入上千元。但"小窝棚"大多面积狭小、环境较差、效率较低，群众收入增加有限，且缺乏消防措施，有很大安全隐患。村里很多加工点都是"搭上架子，糊上塑料布，冬天点上炉子，就可以开工了"。

2.0阶段。企业在村小学旧址、原村级活动场所和闲置民宅内设置简易车间，作为加工点，让更多的贫困群众就业。

3.0阶段。通过鼓励引导联系村的县直部门和企业、省市第一书记援建，县乡财政投资建设，为帮扶村建设一个300平方米左右的扶贫车间。然后将扶贫车间作为村集体资产对外出租，吸纳困难群众就业。截至2018年3月，全县新建改建扶贫车间545个，实现了村村扶贫车间全覆盖和有劳动能力、有就业愿望的贫困人口就业岗位全覆盖，脱贫效果非常明显。2016年带动就业67603人，其中贫困人口27039人，脱贫13497人，占全县脱贫人数的34.7%。

4.0阶段。鼓励一批生产经营比较好的扶贫车间注册为公司，现已注册了127家，年平均可上缴利税十二三万元。

3. 创办"扶贫车间"，破解贫困群众就业无门的难题，夯实基层发展根基

菏泽市55%以上的贫困人口具备一定劳动能力，且有就业意愿，但由于没文化、缺技术，出去找不到活干。有的人超过法定工作年龄或身有残疾，企业不招。有的人上有老、下有小，要照顾老人或儿童。鄄城县通过精准识别和建档立卡"回头看"，发现全县65%左右贫困人口属于上述人群，他们除了每年有一个月左右的时间用于农忙外，其余时间基本上处于空闲状态，村内闲散劳动力较多。面对"贫中之贫""困中之困""难中之难"的群体，鄄城县通过建设扶贫车间的方式，先从硬件上提升和改变农民劳动的条件，重点培育发制品、户外家具、服装加工等劳动密集型优势产业，将一部分需要大量人工、技术要求不高、生产工艺不复杂、生产环境要求不苛刻的工序"移交"给农村的就业扶贫车间，让有就业意愿但难以外出打工的农村妇女、老人、残障人员实现"家门口就业，挣钱顾家两不误"。

扶贫车间是产业扶贫的创新举措，贫困户通过到扶贫车间工作实现就地就近转移就业，从而获得长期稳定持续性收入，实现脱贫致富。扶贫车间既承担着帮助留守人员就业的任务，又支撑着当地的户外家具、发制品加工等劳动密集型产业发展，为村集体增加了租金等收入，实现多方共赢。承租方与村委会签订承租合同，村委会将扶贫就业车间出租给对方用于生产活动，双方约定租赁用途为发制品加工等劳动密集型产业，吸纳就业人口中贫困人口要占比40%，否则村委会有权随时无条件收回车间使用权。车间租赁期限5年，首年租金1.5万元，此后每年租金2万元。村委会可在扶贫车间屋顶安装光伏发电设备，并享有发电收益。对于一些老人和残疾人，部分车间还将原本的计件工资改为计时工资（至少3元/小时），让这部分劳动能力较弱的贫困人口也能获得稳定的劳动报酬。

为把政策落到实处，鄄城县委、县政府采取了"送项目到村、送就业到户、送技能到人、送政策到家"的"四送"措施。送项目到村，就是为每个村建设就业扶贫点，把就业项目送到村。送就业到户，就是把就业岗位送到每个贫困户，全县所有就业扶贫点全部建成后，可实现每个有就业能力的贫困群众就业岗位全覆盖。送技能到人，就是对有劳动能力的贫困人员进行技能培训，先后举办户外家具、发制品加工、服装加工、电子配件等免费培训班320多次，培训人员27600多人。送政策到家，就是送扶贫政策到千家万户，重点对无劳动能力或丧失部分劳动能力的贫困户实行社会兜底扶贫。

4．强化措施，实现扶贫车间可持续发展

（1）多渠道筹措资金建设扶贫车间。截至2018年3月，50个县直部门和50家企业建设了168平方米左右的扶贫就业车间，采取政府每平方米补助100元，其余资金由联村单位负责的方式。省人社厅扶持资金2000万元、省市第一书记援建以及县乡财政投资建设，全县共建设扶贫车间545个，涉及19个门类79种产品，其中发制品产业租用110个，服饰加工产业租用147个，户外用品租用48个，电子产品租用18个，其他产业租用222个。

（2）通过制定优惠政策，吸引和鼓励企业参与扶贫工作。鄄城县对对吸纳安置建档立卡贫困人口达到用工总数40%的企业，给予一定岗位和培训补贴（扶贫车间每安排一名贫困人员，政府就给予企业

1000元奖励和30000元扶贫贴息贷款）。对农副产品加工、服饰加工等小微企业，通过一定时期内减免部分租金、适当补助水电费等方式，引导其租用扶贫就业点，吸纳贫困群众就业。对吸纳贫困人口较多的企业，金融机构量身定做支持方案，创新推出多种贷款品种，扩宽贷款渠道，解决融资难题。

通过在杭州、广州举办户外休闲用品展览会，到浙江、广东等重点区域招商，邀请省内外企业到鄄城县参观考察等，租赁扶贫就业车间。同时，大力引导县内发制品、户外家具、服装加工等企业在扶贫就业车间设立外协加工点。此外，还积极动员鞋帽加工、教具加工、渔网加工等规模较大的家庭作坊承租扶贫就业车间。

（3）完善配套设施，营造良好的就业环境。在建设选址上，采取就近原则，就近选取在村委会、村民活动场所、村小学幼儿园、卫生院等附近，方便在就业点工作的村民能够顾家顾田，有效地利用闲散时间务工增收，并进一步降低村民上班的交通和时间成本；为扶贫就业车间硬化了道路，建设了车棚、洗手间，安装了空调；组织有关部门定期上门开展技能培训、卫生检疫、安全隐患排查等服务。在日常管理上，实行弹性工作制，确保贫困群众进得去、留得下、干得长；为贫困群众免费办理工资卡，发放工作服等劳保用品，最大限度地创造良好的工作环境。

（4）不断优化扶贫车间产业结构，提高扶贫车间的利用率。鄄城县于2016年搭建了扶贫车间管理平台，通过安装在各扶贫车间的远程监控探头，对所有扶贫车间实时提供管理服务。具体要求：一是对全县扶贫车间防火、防盗等安全生产情况进行实时监管；二是对入驻扶贫车间的项目运营情况进行监测，对不适宜的产业及时建议调整，确保扶贫车间产业利用合理；三是根据17个乡镇（街道办事处）扶贫车间的利用情况，对扶贫车间情况进行考核，十天一排名、一通报；四是实现与110、120、119等公共信息平台的互通，对扶贫车间发现的问题，第一时间进行处理。

后　记
POSTSCRIPT

山东省是我国经济发展水平较高的沿海省份，不仅重视解决沂蒙山区等落后地区的绝对贫困问题，而且在解决相对贫困问题、城镇化进程中的贫困问题等方面进行了深入探索。特别是党的十八大以来，山东省采取超常规举措，创新体制机制，脱贫攻坚走在全国的前列，在一些领域创造积累了非常宝贵的经验。这些经过实践检验的成功经验对于各地扶贫干部提高工作能力和水平具有重要参考价值。为此，全国扶贫宣传教育中心组织团队对山东省精准脱贫实践探索和理论创新进行了深入总结，编写了本书。

本书相关调查研究及编写工作由黄承伟研究员和陆汉文教授主持。各专题的责任人分别为：孙兆霞、黄路、吴彪（抓党建促脱贫的实践探索与理论创新）；吕方、苏海（贫困村集体经济发展的实践探索与理论创新）；李海金、董芯茜（扶贫与扶志、扶智相结合的实践探索与理论创新）；江立华、王猛（城乡统筹扶贫的实践探索与理论创新）；左停、贺莉（缓解相对贫困的实践探索与理论创新）。国务院扶贫办全国扶贫宣传教育中心骆艾荣、阎艳等同志承担了大量组织协调工作并参与调研、资料收集整理工作。各专题初稿完成后，农业农村部农村经济研究中心冯丹萌同志对体例内容等进行了初步修订，黄承伟、陆汉文最终统稿定稿。

  时任山东省委副秘书长、扶贫办主任时培伟同志和山东省扶贫办副主任张瑞东同志对调查研究工作给予了宝贵指导，山东省扶贫办巡视员宋民同志和工程师赵建忠同志为本书编写提供了大力支持。借本书出版之机，谨向他们致以衷心感谢！

编著者

2020 年 3 月 18 日